遊んで
笑って
運は自分で
開くもの

自分の宇宙で豊かに生きる

みやがわみちこ

きれい・ねっと

はじめに

この本を手に取っていただき、ありがとうございます。

わたしはカウンセラーをしています。様々な体験を経て何冊かの本を出版させていただく機会に恵まれ、現在はカウンセラーのお仕事だけではなく、全国で講演やセミナーなどの活動も楽しくさせていただいています。

毎日をしあわせに過ごしているわたしですが、実はカウンセラーになる前、専業主婦をしていた頃はしあわせに生きているとはとても言えない状態でした。ところが、ある劇的な変化がきっかけとなって、わたしはどんどん人生を豊かに生きられるようになっていったのです。

　専業主婦をしていた頃のわたしを知る人は、今のわたしの姿が信じられないと口をそろえます。逆に今のわたししか知らない人は、「みちこさんにそんなときがあったなんて想像できない」とおっしゃいます。まるで別人の人生を生きているのかと思うほど、以前のわたしと今のわたしにはギャップがあるのです。


　そして、どちらの立場の方からも、「みちこさんに起きた変化についてもっと知りたい」「みちこさんがどんなふうに変わっていったのか聞きたい」とよく言われます。

　そんなリクエストをいただくうちに、もしかすると、わたしの体験をありのままお伝えすることが、皆さんが自分らしく、人生を豊かに生きられるきっかけになるかもしれないと思うようになりました。もしそうならとても嬉しい！　そう思い、この本を書くことにしたというわけです。

最初の転機

それでは、劇的な変化が起こる前のわたしはどんなふうだったかというと、とにかく体調が悪く、いつも悩みをたくさん抱えていました。やってみたいことや夢や目標というものもこれといってなく、「まだまだ若いというのにこんなに体調が悪くて、これから先、いったいどうなってしまうんだろう」と不安でいっぱいでした。

一日6時間くらいしか起きていられず、一日の大半をベッドの中で過ごしていました（だから、わたしは今でも、ベッドに寝たままゴミをゴミ箱に投げる名人です（笑））。頭が常にぼんやりしていて、物忘れも多く、「あれ？わたし今日、朝ごはん、食べたっけ？」と分からなくなることもしょっちゅうでした。このままだと若年性認知症になるのではないかと本気で心配したものです。

さらに、見たい映画を観に行けば、リフレッシュどころか人ごみですっかり疲れてしまい、家事もできなくなる……という具合で、そんなことがある度に些細なことで疲れてしまう自分を責めていました。


現在、わたしは全国で講演やセミナーをしながら様々な質問にお答えしています。焦りや不安、怒り、うらやましい気持ち、自分を責める気持ち、体の不安などのお悩みに対して、皆さんのお気持ちに寄り添えるのは、わたし自身がそのほとんどを経験してきているからなのです。

さて、そんな辛い生活が続いていたある時、体調不良で起きているだけでも大変だったわたしに最初の転機が訪れます。知り合いの方から栄養について教わり、あるサプリメントを飲むようになりました。それがわたしのカラダに合っていたのか、体調不良が改善され、活動できる時間が少しずつ増えていったのです。

体が動かせるようになるにつれて、わたしの中でやってみたいことが出てきました。子育てに疲れた友人を励ましたくて、手作りの絵本を作ったのです。友人にプレゼントすると、とても喜んでくれました。それが嬉しくて嬉しくて、わたしは「人に勇気や元気を届けられる絵本作家になりたい」という夢を持つようになります。

そしてその後、その絵本を自費出版したり、フットケアマッサージの資格をとったり、カウンセラーの資格をとったりと、何年かかけて、わたしは少しずつ行動することを増やしていきました。

わたしが本当にやりたいことって？

こんなふうに様々な行動ができるようになったことは、以前のわたしからすれば、まるで奇跡のような変化でした。

ところが、不思議なことに、この時のわたしは全然しあわせではありませんでした。もっと喜んでいいはずなのに、喜びよりも焦りの気持ちの方がどんどんふくらんでいくのです。

行動すればするほど、思うように展開していかないことに焦ったり自信を失ったりを繰り返す日々が続きました。

「結果を残さなければ、生まれてきた意味がない！」

「こんなままじゃ、死ねない！」
「まだなにも形になっていない！」

わたしは悩むと、頭がそのことでいっぱいになってしまって動けなくなるタイプです。

そこで、頭を整理して少しでも心を軽くするために、わたしはよく自分で自分に問いかけをする、いわゆる「自問自答」をしていました。色々な方法があると思うのですが、わたしの場合は、悩む自分とカウンセラー役の自分の一人二役で、会話をするように紙に書きだしていくというやり方をします。

すっかり頭がいっぱいになってしまっていたわたしは、いつものように自問自答をはじめました。

悩む自分として「これも、あれも、やらなければ……。でも、なにも形になっていない！」と書いたところ、カウンセラー役の自分から思いもよらない言葉が返ってきました。

「それ、本当にやりたいの？」

時間が止まったかのようでした。しばらくその問いかけを見つめたあとに、わたしの中から湧いてきた言葉は、

「本当に……、やりたいんだろうか？」でした。

わたしが「形にしたい！」と焦っていたことは、「やりたいこと」ではなく、すべて「やらなければいけないこと」だったので

す。「それをすれば人から認めてもらえる」という思いもどこかにあったかもしれません。

「じゃあ、わたしが本当にやりたいことって、なんだろう?」

「わたしが今回の人生で、どうしてもやりたいことって、なに?」

魂が震えるような問いかけに、自分の中からあふれてきた答えは、とてもシンプルなたった二つの望みでした。

「いろんな方から教わったことで、わたしが元気になったように、それらを分かち合うことで、元気になる人がいてくれたら嬉しいな」

「素敵な出会いが大好きだから、一生素敵な人に出会い続けたい！」

この二つの願いが叶うなら、もういつ死んでも、後悔することがないくらいしあわせ！　そう思いました。先ほどまでの胸のザワつきやモヤモヤは、不思議なくらい静まっていました。そしてそのとき、わたしはあることにハッと気づいたのです。

「わたし、その願い、もうやってる！」

思い返してみると、お金にはなっていなかったけれど、教わったことを分かち合うことで元気になってくれた人は、今までにもたくさんいました。素敵な人たちが我が家に遊びに来てくれて、みんなで楽しくお茶会をしたことだって何度もあります。

「……そっか、わたしもうやってたんだ！」

そう気づいた時、わたしは宇宙に向かって両手を広げ、叫んだ記憶があります。

「わたし、もうやってたーっ！」

あなたもメッセージは受け取れる！

その半年後、いよいよわたしは宇宙の叡智とも言えるメッセージを受け取るようになります。

悩みの解決方法や、自分と仲良くなる方法、一瞬で気持ちを切り替える方法、今の時代に向けてのメッセージ等々……。

たくさんの「しあわせに生きる知恵」についてのメッセージを受け取っていくうちに、こんなことが日常的に起こるようになりました。

❊自分の人生が信頼できるようになった

❊シンクロがおもしろいように起こるようになった

❊流れがスムーズになった
❊自分も、まわりの人も輝きだした
❊家族への感謝があふれてきた
❊自然体でうまくいくようになった
❊人から応援されるようになった
❊深刻に悩まなくなった
❊活躍する場が増えた
❊収入が増えた
❊ミラクルが簡単に起こるようになった…… 等々

こうして、わたしの人生は劇的にしあわせな方向へと変化していくのですが、実はこれはわたしだけの特別な体験ではありません。

多くの方から「みやがわさんには特別な能力があるから、そんなメッセージを受け取ることができるんだ」と言われるのですが、それは大きな誤解です。スピリチュアルな能力がなくても、誰でもメッセージを受け取ることはできるのです。

本書では、わたしが受け取った多くのメッセージ、シェアしたい多くの経験や学び、そして、皆さんがご自身でメッセージを受け取る方法を、わたしに分かるかぎりすべてお伝えしたいと思っています。

さらに、タイトルにある【自分の宇宙】とは、２０１９年になってから頻繁に届くようになったキーワードです。人と比較することなく、本当の意味でしあわせに生きるヒントが、この短い言葉に詰まっています。

わたしがキャッチしている、いままさに始まろうとしている新しい時代のエッセンス、そして、その新しい時代をさらに豊かにしあわせに生きていく方法を分かち合いたいと思います。

最後に本書を読み進めていただく前にほんのすこし、ご注意いただきたいことがあります。

いまは目に見えない、大いなる存在からのメッセージをたくさんの方が発信していらっしゃいます。伝える人によってメッセージの内容やトーンに微妙な違いがあって混乱してしまうかもしれませんが、これは媒体となる伝える人のカラーが若干入るからだと、わたしは考えています。

そして、そのメッセージから受け取ることは、読んでくださるあなたのカラーの影響も受けることになります。もしかすると本書の中にも、あなたの思いと違っていることがあるかもしれませんが、その時はぜひ、あなたの思いを大切になさってくださいね。

それでは、いよいよスタートです！

本書の内容が、あなたが豊かにしあわせに生きるヒントになりましたら、とても嬉しく思います。

もくじ

遊んで笑って運は自分で開くもの

自分の宇宙で豊かに生きる

はじめに　3
最初の転機　5
わたしが本当にやりたいことって？　9
あなたもメッセージは受け取れる！　15

第1章
光との対話のはじまり　27
対話はこうしてはじまった　29
人生初の体外離脱体験　35
なんのためにこの世に生まれてきたのか？　45
メッセージの6つの特徴　50

第2章

光からあなたへ、慈愛のメッセージ

光からあなたへ、慈愛のメッセージ　57
理想と現実の間で葛藤しているとき　61
自分を繰り返し責めてしまうとき　65
うまく伝えられなくて後悔しているとき　69
感謝できない自分を責めてしまうとき　73
悩んでいる人に何もしてあげられないとき　78
子育てから逃げ出したいと感じたとき　80
母親（父親）失格だと落ち込んでしまったとき　85
親の介護、自分の不甲斐なさに落ち込んだとき　88
優しい気持ちを失いそうになったとき　94
自分の中のグレーな部分を責めてしまうとき　97

落ちこむパターンにはまったとき　101
繊細な心のゆらぎを認めてくれたメッセージ　103
比較して落ち込んだとき　106
うらやましい気持ちに支配されたとき　111

第3章 光とつながり対話するレッスン　123

対話のレッスン「イラスト編」　125
「特別な能力をもつ人だけが
　高次元の存在とつながれる」という勘違い　132
なぜ問いかけることが重要なのか？　133
コツは「遊びの感覚」　136

光と自分をつなぐパイプ役とは 137
「肉体側に近い心の声」と、「高次元側に近い心の声」 139
対話のレッスン「ペット編」 144
対話のレッスン「心に問いかける編」 145
対話のレッスン「一人二役の自問自答編」 146
よくある質問 150

第4章

【運】は自分で開くもの 159
【運】とはなにか 161
【運】を開く方法とは 166
【運】が画期的に開いた！
ゼロポイント・アプローチとの出会い 173

ステップ1：コトバで3回言う　176
ステップ2：ピンク色を使う　181
ステップ3：思わずプッと吹き出す笑いを取り入れる　186

第5章 【自分の宇宙】で豊かに生きる　191

【自分の宇宙】で輝き始める幕開け　193
自分の宇宙のルール・自分ものさしを創ろう　197
宇宙には　あなたのファンが　ビビるほどいる　206
自分の宇宙のルールは、勝手に創っていい　213
さあ、探究しよう！　217
自分と相手の上手な境界線の引き方　225

うらやましいときこそ、【自分の宇宙】を意識しよう 227

第6章 「悩みで遊ぶ」時代がやってきた 231

気になることが、気にならなくなる方法 233
「悩みで遊ぶ」という視点 239
爆笑「前立腺炎　報告レポート」 245
ダメなところを変えなくて本当にいいのか？ 255
あなたのまんまで、さあ、行こう！ 263

あとがき 268

第1章

光との対話のはじまり

対話はこうしてはじまった

時計の針をすこし戻して、わたしが念願のカウンセラーになった頃のこと。

なかなか仕事に恵まれなかったわたしは、いつも焦りの中にいました。この先、仕事がうまく展開していくとはとても思えず、自分のことを必要としてくれる人なんて本当にいるんだろうか？　と不安になったり、ちょっとしたことで落ち込んでしまう日もありました。

けれど、ある時ふと閃いて、わたしはそんな不安を解消するために、「自問自答」を始めることにしました。

「自問自答」というとなんだか難しいことのように思われるかもしれませんが、決してそんなことはありません。子どもの頃に一人遊びで、お父さんやお母さん、いろんな役割を演じておままごとをしたことがある方もいらっしゃると思うのですが、ちょうどそんな要領で、「悩む自分」とそれにこたえる「カウンセラー役の自分」、というように一人二役を心の中で演じて、自分へのカウンセリングをするのです。

「なんだかモヤモヤする……」

「なにがモヤモヤするの？」

「あの人からこんなことを言われた」

「そうなんだね。それはイヤだったね」

「うん。落ちこんじゃった……」

「言われた中で、どの言葉が一番ひっかかったの？」

こんなふうに一人二役で、まずは相談者としての自分が気持ちをなるべく素直に吐き出して、それをもう一人のカウンセラーとしての自分が受けとめたり、話を促してあげながら、心の中を整理していきます。なにかある度にこの「自問自答」をするようにしているうちに、やがて気持ちが軽くなり、行動がしやすくなりました。

そんなある日、思いもしない出来事が起こります。

2007年2月25日のことでした。悩みごとを抱えていたわたしは、心を整理するためにいつものように自問自答をはじめました。すると突然、わたしではない「誰か」がわたしに語りかけてきたのです。

「そちはどうしたい?」

「そちが本当に言いたいことは、それではなかろう?」

それは、ちょっと古風で、とても優しくあたたかな口調でした。突然のことなのに、怖さも違和感もまったくなく、わたしは自然にその存在と話をしていました。

そして、いろんなことを問いかけられたり答えたりしていくうちに、悩んでいたことがあっという間に解決してしまったのです。

話すといっても声に出してしゃべるのではなく、心の中に言葉が飛び込んでくる感覚です。その声はとても懐かしく、なんだか昔から知っていたような、ぬくもりと安心を感じました。

姿形があるわけではなく、わたしには光のかたまりのように感じられました。わたしは思いきって、「あなたはどなたですか？」と尋ねてみました。「もしかして守護霊様ですか？　どこかの観音様ですか？」と。すると、返ってきたのは意外な言葉でした。

「**名前はない**」

わたしは驚きました。

「えっ！　名前がないのですか？」

その声は穏やかな口調でこう言いました。

「すべての魂はつながっていて、いのちはたったひとつしかないんだよ。だから名乗る必要がない。名前は不要」

すべての魂はつながっている?
いのちはたったひとつしかないって、どういうこと?

「そちには体があり、名前がある自分を、【自分】だと思っている。でも、それは違う。【自分】とは、もっと大きな存在なんだよ」

その日以来、わたしは名前のないその存在から、「悩みの解決方法」や「しあわせに生きる知恵」「自分と仲良しになる方法」「一瞬で気にならなくなる方法」「今の時代に向けてのメッセージ」など、さまざまなことを教えてもらうようになりました。

人生初の体外離脱体験

対話がはじまって一ヶ月くらいしたときのことです。わたしはあるジレンマに陥っていました。

わたしに起きた出来事を話しても、誰も信じてくれないのです。

「そんなのただの妄想じゃないの？」「自分で考えたことなんじゃない

の？」と言われ、中には離れていってしまう友達もいました。
夫に話すと、「みちこはウソはつかないから、本当なんだと思う。だけど怖いから、それ以上は聞きたくない」と言われました。

たった一人信じてくれる親友はいたものの、そのときのわたしは、信じてくれる友達がほとんどいないことに傷つき、言いようのない孤独を感じていました。そして、この対話が実際に起きていることなのか、それともただの妄想なのか、自分でもよく分からなくなってしまったのです。

「わたし、頭がおかしくなってしまったのかな？」とモンモンとしながら、寝室のベッドに横になった瞬間、それは起こりました。
なんと、わたしが寝ているベッドの上空に、直径80センチくらいの真っ黒い穴が開いたのです！

「えっ?!」と驚く間もなく、わたしはその穴の中に滑り落ちていきました。足から滑り台のように落ちていくのですが、背中にはまったく摩擦がありません。真っ暗な中を、わたしはどこまでもどこまでも滑っていきました。

いま思うと、それは肉体の目で見ている景色というよりも、体から抜け出した魂が見ている景色だったのではないかと思います。

どのくらい滑ったのか、滑っていく先に小さな光が見えてきました。そして、だんだんと大きくなっていくのです。その光は太陽のように真ん中が真っ白な円形になっているのですが、眩しくて目を閉じてしまうようなものではありませんでした。

わたしはその光を見たとき、不思議なことに「あっ！　ここ、知ってる！」と思いました。「思った」というよりも、「思い出した」というほうが正確な表現かもしれません。

「そうだ！　ここは生まれる前にいた世界だ！　そして、一生を終えるとまたここに戻ってくるんだった！」

それはとても美しく、懐かしい記憶でした。いつまでもいつまでもここにいたい……。そう思わずにはいられないほど、その光はあたたかくやさしく、すべてを包み込むような慈愛に満ちていました。

よく見ると、光のまわりにはホタルのような小さな光が無数にあって、真ん中の光から出てきたり戻ったりしているようでした。その様子を見たわたしは、瞬時に理解しました。出ていく光は誕生する魂で、戻ってくる光は亡くなった魂なのだと……。

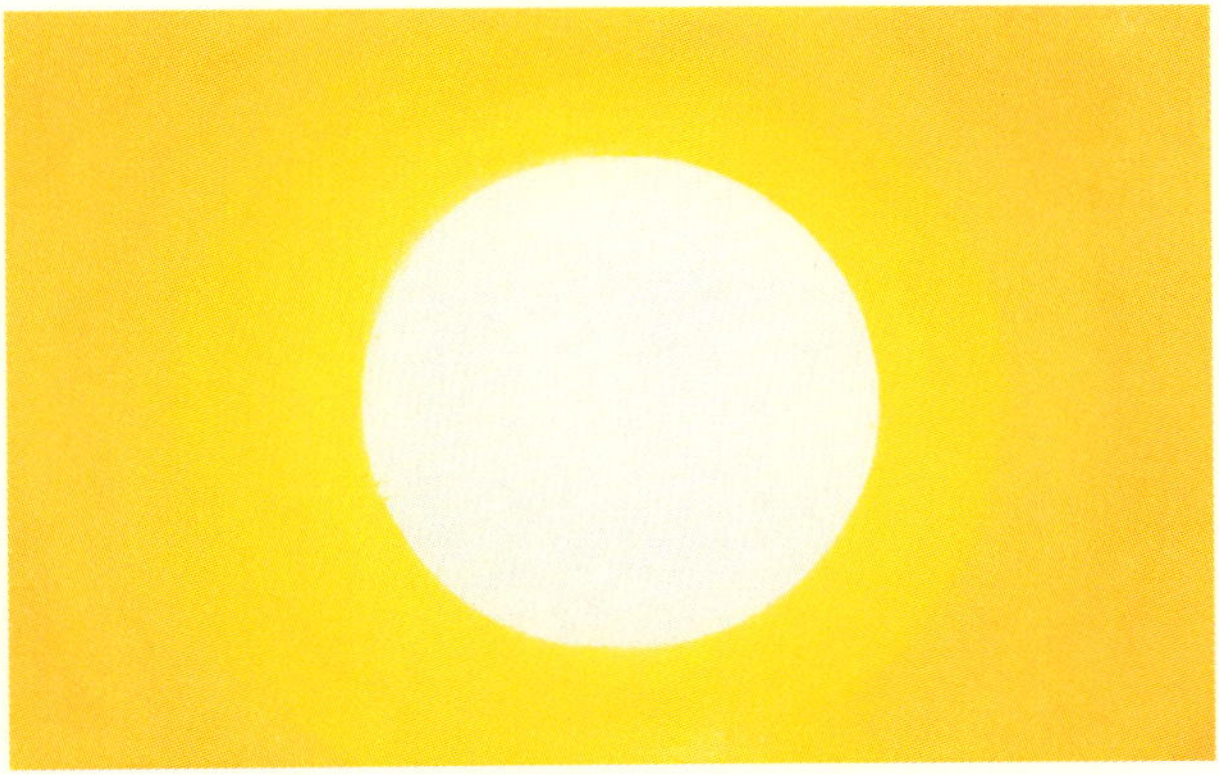

さらに不思議なことに、わたしはそのときだけ、その小さなひとつひとつの光と、テレパシーでお話しすることができたのです。

「そっちはどうだった？」

「こっちは面白かったよ」

「こんな体験をしたんだ」

「へえ、そうなんだ！　わたしはこんな体験をしたよ」


そんなふうに、無数の光たちとテレパシーで楽しく情報交換をしました。無数にある光すべてと、膨大な情報量を瞬時に理解し合ったのです。どうやらここは、一人ひとりの体験を瞬時に共有できる場のようだということが分かりました。

一方で、この一連の出来事にとても驚いているわたしもいました。「どうして言葉を介さずに、相手の伝えたいことが分かるんだろう?」と不思議に思うわたしと、膨大な情報を一瞬で理解してしまうことを、当然のことのように受けとめているわたし、両方のわたしがいました。

慈愛にあふれた光を見つめていると、わたしの中で封印されていた記憶が、しだいによみがえってきました。

「ああ、ここはわたしの本体なんだ」

「名前がある自分は仮の姿で、本当はもっと大きな存在なんだ」

「一人ひとりの境目なんて、本当はないんだ」

そんなことを感じていると、大きな光が伝えてきたのです。

「受け取っていることは、妄想じゃないよ」

それは間違いなく、あの名前のない存在の声でした。

長いような、一瞬のような、不思議な感覚でした。気がつくと開いていた空間は閉じていて、わたしは寝室のベッドに横になっていました。

この出来事を、信じてくださる方も、信じられないと思われる方もいらっしゃることでしょう。信じられなくても当然だと思います。目に見えない世界のことは、いまはまだ証明することができません。

けれど、この体外離脱を体験したことで、少なくともわたしの意識は大きく変わりました。体で感じた感覚というのは忘れないもので、背中に摩擦を感じることなくどこまでも滑っていったあの感覚は、今でもはっきりと覚えています。

あれは決して妄想などではありませんでした。人に信じてもらえなくても、自分だけは自分を信じてあげられると思えたのです。漠然としていたことが確信に変わった瞬間でした。

その日を境に、わたしは「教わったことで、現実がどう変わるのか?」ということを積極的に検証しはじめました。たった一人、わたしの話を信じてくれた親友も加わってくれて、二人で楽しく検証を続けました。すると、わたしも親友も、びっくりするくらい早く、現実がしあわせな方向へと変わっていったのです。

一年間検証を続けて、「これはカウンセリングの現場でも十分に役立つ」と確信し、実際に使っていくことにしました。ただ、見えない世界のことは、信じる方も信じない方もおられるので、カウンセリングでは自分の言葉に置きかえて伝えるようにしました。すると、相談者の方々も驚くほど早く、出来事がしあわせな方向へと変化していったのです。

自分自身の体験で一年、カウンセリングの現場で三年、検証を重ねて本にまとめたのが「なんでも仙人シリーズ」（バンクシアブックス他）です。「なんでも仙人」というのは、皆さんにイメージしていただきやすいようにと思い、名前のない存在にわたしがあえてつけた名前です。

当時、スピリチュアルについての知識があまりなかったわたしは、『光』と書いてしまうと人からあやしいと思われて、誤解をうけるのではないかと心配しました。そこで、ちょっと古風な口調がぴったりの「なんでも仙人」という親しみやすく楽しいキャラクターとして活躍してもらってきたというわけです。

ただ本書では、なるべくわたしの感じたありのままを伝えるために、名前のない存在のことをストレートに『光』と表現することにしたいと思います。

なんのためにこの世に生まれてきたのか？

体外離脱を体験したわたしは、ずっとここにいたいと思わずにはいられないほど、安心とぬくもりを感じました。そして、この時ふと、ある問いが浮かんだのです。

「わたしたちはなぜ、こんないいところからわざわざこの世に生まれてきたんだろう？」

光に尋ねてみると、こんな返事が返ってきました。

「それはね、体験がしたかったからだよ。ここは時間と空間の概念がない高次元。そして、体がない」

「えっ！　体がないのですか？」

「そう。体がない。だから体験することができないんだ」

例えば、ディズニーランドをイメージしてごらん？
ディズニーランドがどんなところで、どんなアトラクションがあり、どんな人たちが来て、どんな喜びを感じるか？

宇宙は、そのすべてを知っている。

しかし、体がないから行くことができないんだ。乗り物に乗ることもできない。

そちは体があるから、行くことができるだろう？　ディズニーランドに行ったら、門の前に立っただけで、ワクワクしないかね？」

「します！　もう、ワクワクが止まりません！」

「そうだろう？（笑）体があるというのは、体験ができるってことなんだよ」

「そっか……。でも、辛いことや、苦しいことは体験したくないなあ。もしかして、苦しいことや、辛いことも体験したかったのですか？」

「それはすこし違う。体験したいのは痛みや苦しみではなくて、知恵を使って、そこからどう画期的に転じるか？その醍醐味を楽しんでいるんだよ」

「なぜもともとひとつなのに、この世ではこんなにたくさんに分かれているのですか？」

「それはね、いろんな体験をしたいからだよ。たくさんに分かれた方が、いろんな体験ができるだろう？　それに、ひとつになっているときには決して分からないことがあるんだ」

「分からないこと？」

「そう。分かれたからこそ感じることができる『違い』や、そこからうまれるいろんな『想い』を、体験してみたかった。そして、分かれて『違い』を体験するからこそ、自分とはなにか？を知ることができるんだよ」

「自分とはなにか？」

「自分を知るためには、少なくとも二つ以上の点が必要になる。ひとつの点だけでは、自分がなにか、分からないんだ」

この後、「体験ができるのは期間限定でこの体があるうちだけだから、やってみたいことは、どんどん体験したほうがいいよ」と、光は教えてくれました。

わたしたちは、とかく失敗を気にして、なかなか行動に移せないことが多いものですが、光からすればそもそも「失敗」や「成功」などという概念はありません。体験したことすべてが、「喜び」なのだそうです。

そして、わたしが体外離脱をしたときに体験したように、わたしたちは亡くなったときにひとつに戻って、体験してきたことをワクワクと共有しあうのです。

メッセージの6つの特徴

初めての対話から10年以上の間に、わたしは本当にたくさんのメッセージを受け取ってきました。

それらのメッセージには、大きく分けると6つの特徴があります。

1

慈　愛

包み込まれるような安心感とぬくもりがあります。無条件の愛を感じます。対話がスタートしてから今まで、どんな不完全なわたしも、光は認め続け、愛し続け、許し続けてくれました。生きている方の中で、ここまで認め続けてくれる存在に、わたしはまだ出会ったことがありません。

2

ユーモア

思わずプッと笑ってしまったことが何度もありました。光はユーモアや笑いが大好きなのです。

3

目からウロコの教え

今まで気づかなかった視点に、ハッとしたことが何度もあります。

4 不安にさせない・怖がらせない

わたしは対話をしていて、不安に思ったり、怖くなったことが一度もありません。

5 気持ちに寄り添ってくれる

「ここまで繊細に感情に寄り添ってくれるのか……」と、涙が流れたことが何度もありました。

6 誰も責めない

今まで対話してきた中で、光が誰かを責めたことは一度もありません。どんなに不完全な状態でも、その人をありのまま認め、許し、愛し続けてくれました。

対話がはじまった当初、「こんなに無条件に認め続けられたら、人は怠けて、ダメになってしまうんじゃないか？」と不安になったことがありました。

不完全な状態を認め続けられたら、人は成長しなくなってしまうのではないかと思ったのです。

ところが、ありのままの自分を認め続けられたことで、わたしがどう変化していったかというと、逆に「もっと頑張ろう！」という意欲が、内側からふつふつと湧き上がってくるようになったのです。

「頑張らなければ」「もっとこういう自分にならなければ」と頑張っていたときとは比較にならないくらいのエネルギーが、内側からあふれ出してきました。

ありのままの自分を認め続け、愛し続け、許し続けてもらったことで、わたしの「人生に対する信頼レベル」は、驚異的に上がっていきました。自分を信頼し、まわりの人を信頼し、人生を信頼し、宇宙を信頼できるようになっていったのです。

そして、それによってわたしの人生は、劇的にしあわせな方向へと変化していきました。

わたしだけではなく、人は無意識に自分を責めていることがとても多いものです。自分のことが好きだとおっしゃる方でも、お話を伺っていくと、無意識のうちに自分に×をつけていたということは決して少なくありません。

自分につけている×を取り自分を認めてあげるだけでも、実は人生は劇的にしあわせな方向へと変わっていきます。けれど、どうやって自分を認め、信頼すればいいのか分からないという方が本当に多いのです。

第2章では人が日々、葛藤する悩みに対して具体的にどんなメッセージが届いているのかを、ご覧いただこうと思います。わたし自身の悩みや、相談者の方のお悩みに対して、実際に届いたメッセージをいくつかご紹介していきます。

第2章

光からあなたへ、慈愛のメッセージ

光からのメッセージは、わたしだけに伝えられているものではなく、すべての人に同じように届けられているものです。

そこで本章では、わたしがこれまで受け取ってきたメッセージの中でも「ありのままの自分を認め、愛し、許し続けてくれる慈愛のメッセージ」をピックアップしてご紹介していきます。

どなたにも読んでいただきやすいよう、古風な言いまわしを現代風に変えています。どんな時に受け取ったのか、その時のわたしの状況や気持ちもシェアさせていただきますが、あまりとらわれることなく、どうぞ自由に光からのメッセージを感じてみてくださいね。

もし心に響かれたメッセージがありましたら、ぜひそのメッセージを繰り返し自分に向かって読んであげてください。響かれたということは、きっと今、あなたにとって必要なメッセージなのだと思います。

声に出して五感で感じてみると、心への入り方がまた違ってくると思います。心が自然とゆるんで、あたたかさを感じたり、明るくなったり、広々と感じたり、軽やかになっていくこと……。それを自分の体験として実感することは、人生を豊かに生きていくうえで、とても大切なポイントになります。

ご紹介したメッセージで、光からの無条件の愛を少しでも感じていただけましたら、とても嬉しく思います。

理想と現実の間で葛藤しているとき

理想と現実の間で葛藤すること……、ありませんか？
日常の様々な場面で「こうありたいという理想はあるけれど、現実にはぜんぜん何もできていないじゃない！」と、自分を責めていたわたしに、光からこんなメッセージが届きました。

理想を描いてはいるけれど現実は違うとか
分かった気になっていても
日常にちゃんと活かせてないじゃない、なんてそんなに自分を責めないようにね。

その葛藤がとても尊い。
とても大切なときを、今、生きているんだよ。

心の揺れを嫌わないで。
完璧なんて目指さなくていい。

あなたはすでに愛されている。

❊――――――――――――❊

生きていると日々、良くも悪くも様々な感情が出てくるものです。それはもちろんわたしも同じ。わたしだって毎日のように悩んだり、焦ったりを繰り返しています。

多くの方がよく勘違いされることのひとつに、「しあわせに生きている人は悩まない」というものがあります。

「みやがわさんのようにメッセージを受け取っている方は、悩むことなんてないんでしょ」と思っておられる方の、なんと多いことか……（笑）。そして、この勘違いのせいで、悩んでばかりいる自分はダメだと思い込んでいる人が、驚くほどたくさんおられるのです。これは実にもったいないことです。

わたしは「葛藤する自分を嫌わなくていいよ」と、言われ続けてきました。「そこが人と分かち合える素晴らしい魅力なんだよ」とも、言ってもらいました。

しあわせに生きている今でも、葛藤が起きることはよくあります。それを伝えることで、多くの人がもっている「しあわせに生きている人は悩まない」という勘違いが解け、しあわせに生きられる人が増えると、光は教えてくれました。

生きていれば、どうしても感情の振り子は振れるものです。けれど葛藤する自分を嫌わなければ、やがて感情の振り子はしだいに穏やかになっていくものなのです。

自分を繰り返し責めてしまうとき

未熟なわたしは、今までに色々な失敗をしてきました。人を傷つけてしまったことや、人には言えないような過ちも……。そして、そんなことをふと思い出して、自分をひどく責めてしまうことがありました。そんな時に届いたのがこのメッセージです。

人は未熟だから、いろんな間違いをする。
隠しておきたい秘密の一つや二つ、誰にでもあるだろう。
そして、人はそのことで自分を責め続けてしまう。

人には良心があるからね。
その良心が、自分のことを
何度も何度も責めてしまうんだよなあ。

あのね、自分を許せないままでいいから
あなたにぜひ伝えたいことがあるんだよ。

それはね
もし同じ間違いをした人が相談に来ることがあったら
その体験を話してあげてほしいんだよ。

自分も同じ体験をしたことがあると。

そのことで、ずっと自分を責め続けて、苦しかったと。

相談に来た人は、あなたの話に
どれほど心を打たれるだろうか。
どれほど心を救われるだろうか。

自分を責め続けてきた体験から
光を生み出すことができるんだよ。

どうかそのことを知っていてほしい。

わたしはこのメッセージを聞いたとき、涙があふれて止まりませんでした。「自分のことが許せない」と苦しんでいるわたしに、「許せないままでいいから、できることがある」と光はいってくれたのです。この言葉はわたしにとってなによりの救いでした。

自分にずっと×をつけてきたことによって、誰かの心を救うことができる、光を生み出すことができると思うだけで、わたしの心はふるえました。そしてこのことを教わってから、わたしはふと罪悪感で苦しくなることがあっても、「そうだ。わたしと同じように苦しんでいる人がいたら、わたしの体験を惜しみなく話そう」と、思うようになりました。

カウンセリングで同じ悩みを抱えた方に出会うと、わたしは自分の体験やその時の苦しさ辛さを包み隠さずお話しします。すると、お話を聞いてくださった方々は、時には涙を流されて、「わたしだけじゃないんだと安心できました」「とても勇気をもらいました」「後悔はあるけれど、そこにずっととどまるのではなく、前を向いて歩いていこうと思えました」と、口々に感謝を伝えてくださるのです。

カウンセリングを受けてくださった方、そしてこの本を読んでくださっている方の中で、もしこのメッセージに響かれた方がおられましたら、わたしはとてもしあわせです。

わたしの体験を光に変えてくださって本当にありがとうございます。

うまく伝えられなくて後悔しているとき

人間関係というのは難しいもので、よかれと思って伝えたことがうまく伝わらなかったり、時にはまったく逆の伝わり方をしてしまうことも少なくありません。
カウンセラーになりたての頃、相談を終えてから「ああ失敗だった」「こういう言い方をすればよかった……」と落ち込んでいるわたしに、光はこんなふうに言ってくれました。

あのね
めいいっぱいの愛をもって伝えたことでも
伝わらないことってあるんだよ。

とっさに言葉が出てこなくて
もっとこう言えばよかったと後悔することや
こんな言い方もあったなと後で気づくこともある。

でもね
これが最善の愛だと思って伝えたのなら、それでいい。
それでいいんだよ。

人として成長したいと、たくさんの本を読んでも
いざ日常の中で使えるかというと
なかなか難しいんだよなぁ。

よいかな?
結果を気にするのではなく
今これが最善の愛だと思ったことを
伝えたらいいんだよ。

たった一つの最善の言葉を探さなくていい。
理想の答えなんて、目指さなくてもいいからね。
これが最善の愛だと思って伝えたのなら
たとえ思ったような結果にならなかったとしても
なんら恥じることはない。

胸を張って生きよ！

光は、結果が伴わなかったことを一切責めることなく、わたしが愛をもって伝えようとしたことを全面的に認めてくれたのです。

その瞬間その瞬間に、
人は一番いいと思うことをやっている。
だから悔いるな！

そう言ってくれたこともありました。四方八方から慈愛のエネルギーに包まれるような力強い言葉に、自然に涙があふれました。

感謝できない自分を責めてしまうとき

カウンセリングをしていると、「日常の中で感謝できることや、喜べることは沢山あるはずなのに、わたしにはそれができません。感謝できない自分はダメだと落ち込んでしまいます」と、真剣に悩んでいらっしゃる方と出会うことがあります。

そんな方にも、光はあたたかいメッセージを贈ってくれました。

喜べない……。

うん、そういう時もあるよ。

生きていると色々な時があるからね。

【喜ぶこと・感謝すること】＝【素晴らしいこと】

と思うと

それができない時には
自分はダメだと責めてしまうだろう。
でも、それは違うんだ。
いま、電池切れを起こしているだけなんだよ。

心が閉じてしまっているんだ。

そんな時は
無理に喜ばなくちゃと思うと
余計に苦しくなってしまう。

いいかね？

喜べない時があってもいい。
感謝できない時があってもいい。
何もしない時があってもいい。
役立っていないと思う時があってもいい。
それでもあなたは存在しているだけで、十分輝いている。
誰かの光になっている。
今はわからなくても
いずれ必ず分かるときが来る。

そのことを信頼しているよ。

どんなに自分はダメだと思っても、不完全だと思っても、光はその人の中にある輝き・可能性をいつも信頼してくれています。

もしも今あなたが、喜べなかったり、感謝できなかったり、無力感に苛まれていたりしたとしても、光はあなたをありのまま認め、エールを送ってくれています。そのことを少しでも感じていただけたら嬉しく思います。

悩んでいる人に何もしてあげられないとき

カウンセリングでは深刻な悩みを抱える方がたくさんいらっしゃいます。あるとき、自分の無力さに心が重くなったことがありました。そのときにこんなメッセージが届きました。

どんなに未来が明るく見えない人がいたとしても
あらゆる可能性の扉に、蓋をしてはいけない。
自分の経験値だけで決めつけてはいけないよ。

いつだってその人の前には無限の可能性の扉があるのだから。

このメッセージを聞いたとき、わたしはハッとしました。愛には様々なバリエーションがありますが、最上級の愛とは、「信頼」なのだとわたしは教わりました。

それからは、自分の経験値を超えるお悩みを伺った際にも、「この人の前にはいつだって無限の可能性の扉がある」ということを信頼して、お話を伺うようになりました。

子育てから逃げ出したいと感じたとき

わたしは母親として子育てをする中で、逃げ出したいと感じてしまうようなことを何度か経験してきました。

「こういう時はいったいどうすればいいですか？ わたしは逃げているのでしょうか？」と問いかけると、光からこんなメッセージが返ってきました。

あのね

あなたは逃げ出したいと感じているんじゃない。

今、それくらい苦しいと、感じているんだよ。

その気持ちをまず受け止めてあげたらいいんだよ。

たとえわが子でも
認め続けるというのは本当に難しいことだ。

この世は肉体があるからね。
痛みや辛さをダイレクトに感じる。

そんな中で認め続けるなんて悠長なことは
なかなかできないんだよ。

高次元は肉体がないから

痛みや辛さ、悲しみを、ダイレクトに感じない。
だから、認め続けることがたやすい。

でも、肉体を持っているあなた方が
痛みや辛さ悲しみを感じながら
それでもほんのちょっとでも
変化を起こしていること
変化を起こそうとしていることは
本当に素晴らしいことなんだよ。

この世にいる人たちは
もっともっと自分のことを認めてあげたほうがいいよ。

認め続ける高次元だけが素晴らしいのではない。

肉体を持ちながら
痛みや辛さ、悲しみという感情をダイレクトに感じながら
それでも
少しでも前を向き、歩き出そうとするあなた方もまた
同じくらい素晴らしいのだということを、知っていてほしい。

わたしが子育てをする中で逃げ出したいと思ったことのひとつに、息子の不登校があります。息子は高校三年生の時、受験のストレスからうつ病になってしまいました。学校に行けなくなり、勉強しないといけないのに、勉強が手につかなくなってしまったのです。

焦りと不安で部屋にこもり、ゲームばかりしてしまう。唸り声をあげながら苦しんでいる息子を見て、わたしはとても辛いと感じていました。

その時の息子は、自分のことを全否定していました。なんとか彼をサポートしようといろいろな言葉をかけましたが、その時の息子の心にはわたしの声は届かず、苦しそうに唸っている彼を見ているのが苦しくて苦しくて、ついにこんなことを思うようになってしまったのです。

しんどいなあ。
逃げたいなあ。
早くこの出来事が去ってくれないかな。
でも、そんなこと思っても仕方ないしなあ。
これって、ただ逃げているだけなのかなあ……。

そんな時に届いたのが、先ほどご紹介したメッセージでした。光からのあまりに温かい言葉を聞いて、わたしは涙があふれました。

母親（父親）失格だと落ち込んでしまったとき

光からのメッセージで心は軽くなったものの、現実の世界では、息子はなかなか学校に行けるようにはならず、ずっと苦しんでいました。そんな彼の苦しさはわかっているのですが、引きこもっている息子を見ていると、どうしてもイライラしてしまいます。

じっくりと話を聞いて、力になってあげる必要があるのに、それができない。冷静になれない。葛藤するわたしに、光はこんな言葉をかけてくれました。

嫌な時は嫌でいい。

無理な時があってもいい。

いつもいいお母さん（お父さん）を目指さなくてもできる時にできる愛を放てば、それでいい。

できない時は、できないんだよ。

あなたも、そして子供もね。

このメッセージをもらった時にハッとしたのは、最後の「子供もね」という一言です。言語化してもらったことで「そっかあ。わたしができないように、息子もできない時があるんだ」と気づきました。すると、今までのイライラがウソのように引いていき、自分の中から自然とやさしい気持ちがあふれてきたのです。

息子の不完全さを許してあげるなら、まずは母親である自分の不完全さが先に許されていい。「その順番でいいんだよ」と言われているようにわたしは感じました。このメッセージがきっかけになって、わたしは学校に行けない息子を、葛藤しながらもあたたかく見守れるように変わっていったのです。

苦しい時期があった息子ですが、今では大学四年生になり、毎日を楽しく過ごしています。

親の介護、自分の不甲斐なさに落ち込んだとき

わたしは、母の介護のために病院に通っている時期がありました。母は、筋肉がどんどん硬くなっていく膠原病《こうげんびょう》という病気を患っていました。

介護というのは、かかわってみなければわからない難しさがあるように思います。うまくいかないことばかりで自分の不甲斐なさに落ち込んでいた時、心に光からのメッセージが響いてきました。

今うまくできないからといって
落ち込む必要はないよ。

年をとって、介護を受ける側になった時に
初めて気づくかもしれない。

それからでも遅くはない。

今できていないことに目を向け
自分はダメだなと落ち込むよりも
今のままでできていることがあるだろう？

それを見つけてあげるんだよ。

大切なのは、責任を持って
自分を幸せにしてあげること。
自分の笑顔を、自分で奪わないことだよ。

今のままの自分でも、できていることがある。
今のままの自分でも、役立っていることがある。

そう思ったら、勇気が湧いてこないかい？
その湧いてきた勇気で、前に進んでいけばいい。

「自分の笑顔を、自分で奪わないことだよ」

光からのこの言葉は、自分を責め、苦しくなりかけたときに、何度もわたしを救ってくれました。

母は病気の進行とともに肛門が開きっぱなしになり、便が常に出てしまう状態になりました。実の母親であっても、排泄のお世話というのは本当に大変なものです。

病院からの帰り道、母を適切に手際よく、そして献身的に看護してくださる看護師さんと自分を比べて、わたしはひどく落ち込んでいました。

そんな時、車の中でふいに聞こえてきたこのメッセージに、わたしは涙が止まらなくなりました。

できないことに苦しみ、できる看護師さんと比較して悩むわたしに、こんなにも温かい言葉が届く。母の便を「汚い、嫌だ」と思ってしまうわたしを、ありのまま受け止めてくれる。そして、わたしのことをどこまでも信頼し、待っていてくれる……。

今のままの自分でできることって、なんだろう？

そう思った時、自然と「今」に意識が向くようになりました。

車の中から、ふと空を見上げると、湖に沈む夕日がキラキラと湖面に反射していました。その光景はあまりにも美しく、わたしはしばらく見とれていました。

どんな時も日常の中に美しいと感じる瞬間はたくさんあります。けれど悩んでいると、それに気づく心の余裕がありません。

「自分の笑顔を、自分で奪わないことだよ」

わたしが笑顔でいられること、わたしがしあわせであることを、どんな時もなによりも光は優先してくれている。それがひしひしと伝わってきました。

介護を始めてから半年で、母は光の世界へと旅立って行きました。

優しい気持ちを失いそうになったとき

月日が流れ、今度は夫の母を介護しなければならなくなりました。夫の母はパーキンソン病で車椅子に乗っています。週に一度、車で一時間かけて、夫の実家へ介護に通っていました。

義母を病院に連れて行き、そのあと一緒に昼食をとり、一週間分の買い出しへ。実家の掃除をして、家に戻ってくる頃にはもうクタクタです。最初は義母への優しさから始めた一週間に一度の介護が、しばらく続けるうちに辛い重荷に感じられるようになりました。

実家に行く日は憂鬱で、「行きたくないなあ」と思ってしまう自分がいました。でも、高速道路を運転しているとき、ふと、「そうだ。今度このおかずをお義母さんに作ってあげようかな」と頭に浮かんだのです。

その瞬間、光からこんな言葉が届きました。

今、一瞬
「お義母さんにあれを作ってあげようかな？」

と思っただろう？

「嫌だなあ」「行きたくないな」

そう思ったとしても、一瞬よぎる優しい想いがある。

このあたたかい気持ちを、大切にしてほしいねえ。

人はほんの一瞬よぎる想いを
あまり大切にしない。

だけど
その時の想いのバイブレーションは
とても美しいんだよ。

たしかに、人は一瞬よぎる想いというものに、そこまで注目していません。でも、よく観察してみると、どんなに嫌だなと思っていても、ふとした瞬間に「こうしてあげようかな」と、優しい気持ちがよぎることがあります。人は白か黒ではなく、そんな色々な感情の中で生きています。

わたしが気づかないくらいのほんのちょっとした優しさを汲み取って、光は「ほらね」と、いつも優しく教えてくれるのです。

自分の中のグレーな部分を責めてしまうとき

義母の介護を続ける中で、とにかくあれこれ悩むことが増えたわたしに、光からこんな言葉が届きました。

モヤモヤする気持ちに
意識を向けてくれてありがとう。

人生はできる、できない、の二択ではなく
あらゆる選択肢の中で
美しく彩られ、織りなされているんだよ。

今できないことを無理にする必要はなく
自分をダメだと否定する必要もない。

自分を否定せずに、ただ観察する。
段階を踏めばいいんだよ。

心の声を全部、美しい言葉にしようと思わなくていい。

嫌だ。面倒くさい。やりたくない。

大いに結構、心の声は全てＯＫ！
心の声を人に見せる必要はないよ。
心の中で思うくらいいいじゃないか。
そんなのは大したことじゃない。

自分の中のグレーな部分を、責めなくていい。
それも含めて、まるっと受け止めてあげられたら
すっきりした気持ちで
前よりも一歩、踏み出せるようになる。

自分の心に正直に
そして、一歩踏み出す時には軽やかに。

苦しんで苦しんで踏み出すんじゃなく
軽やかに進んでいこう。

「もやもやする気持ちに意識を向けてくれてありがとう」という言葉に、わたしは驚きました。光はいつも意外な視点から認める言葉をかけてくれるのです。

モヤモヤしている気持ちに向き合おうとする作業は、心の違和感を丁寧にみてあげる作業になります。それは「自分のいのちを大切に扱ってあげていることとイコールなんだよ」と、光は言っていました。

ありのまま認め続けながら、少しずつ必要なことを知らせてくれるメッセージに、わたしは光からの愛の深さ大きさを感じずにはいられません。

落ちこむパターンにはまったとき

人には落ち込むときの思考パターンがいろいろあります。わたしの場合は、自分の不完全さを責めて落ち込む思考パターンがよく出てきます。それに対して、いままでとはちょっと趣向の違う、こんなメッセージが届いたことがありました。

自分を責めると、グルグルモードにはまるよ（笑）

ためしに
ひどいことを言ってしまった回数じゃなくて

言わなかった回数を数えてごらん？

多くの人は、言ってしまった回数を問題にする。

でもそれって
人生の中で見たら、砂漠の中の砂金みたいなもの。
実は微々たるものなんだよ。

そんな微々たるものを、徹底的に攻めてどうする？

どうしても自分を責めてしまう時には
自分にこう問いかけてみるといいよ。

「きみはマゾか？マゾなのか？（笑）」

最後の一行に、わたしは思わず吹き出してしまいました。その瞬間、いったいわたしは何に悩んでいたんだろう？と深刻さが吹き飛びました。
光は笑いが大好き、ユーモアが大好きです。深刻になりがちなときほど、ユーモアたっぷりに話しかけてくれるのです。

繊細な心のゆらぎを認めてくれたメッセージ

義母と同居することになり、夫婦で介護をする中で、夫婦の意思疎通がうまくいかない時期がありました。

お互いを気遣うやさしさが、かえってボタンの掛け違いのようになってギクシャクしてしまい、わたしは辛く悲しい気持ちになりました。そんな時には、こんなメッセージが届きました。


とても美しいね。

その繊細な振動は、人ならではの揺らぎだね。

「もっとこうした方が良かったのかな?」

「相手を傷つけちゃったのかな?」

という思いも含めて、愛が深まっていくね。
お互いをもっと知ろうとすることは
とても美しいバイブレーション。
その中で起こる葛藤や悩みは、全てよし！

光から「全てよし！」と言ってもらえることが、わたしには大きな勇気になって、「よし！頑張ろう！」と前を向いて毎日を生きられるようになりました。

比較して落ち込んだとき

テレビで、自分の限界を超えて結果を残すスポーツ選手を見ていると、感動し尊敬すると同時に、どこかで自分と比べ、落ちこんでしまうことがありました。

なんだか自分が頑張っていないような気がして情けなくなってしまったのです。その時、光からこんなメッセージが届きました。

限界を超えていくことは素晴らしいことだ。

結果を残すことも素晴らしいことだ。

それと同じくらい
人生を楽しむということは
素晴らしいことなんだよ。

だけどその素晴らしさを
感じられる人はまだ少ない。

人によっては「楽しむこと」を
「怠けている」と思う人もいるだろう。
だけど、それは大きな勘違いなんだよ。

美しい夕日を眺めて心を震わせることは

オリンピックで金メダルを取ることと同じくらい
素晴らしいことだ。

感動というバイブレーションは、共に美しい。

人と比べて劣っていると思うのは
ナンセンスなんだよ。

だけど、多くの人はそうは思わない

あなたは今日一日の中で
何回、心を震わせて楽しんだかね?

食事を美味しくいただいたかね?
五感を使って楽しんだかね?
それは金メダルを取ることに匹敵する。

そうは思えないと人は言うだろう。
それとこれが同じだとは思えないと……。

だけど、魂レベルでは同じなんだよ。

宇宙から見れば、同じくらい美しい響きなんだ。

だから、素晴らしい結果を残す人と自分を比べて
わたしは何も出来ていないなんて

自分を過小評価しないでおくれ。
宇宙から見ればどの人も
眩しいくらい輝いているよ。

「美しい夕日を見ることや、食事を美味しくいただくこと、五感を使って楽しむこと、それらは金メダルを取ることに匹敵する」と、光はいつになく力強く伝えてくれました。

そんなことを言ってくれる人は、今までわたしのまわりにはいませんでした。光はわたしたちが五感を通して楽しむことを、いつも本気で喜んでくれているのです。

うらやましい気持ちに支配されたとき

ある時、カウンセリングに来られた方が、「自分が本当は何がしたいのか？　何が好きなのか？　心が喜ぶことがわからない」とおっしゃいました。そして、「周りの人がやりたいことをして輝いている姿を見て、自信をなくしたり、うらやましく思う」というのです。

このような悩みや葛藤は、多かれ少なかれ誰もが感じていることのように思います。かくいうわたしも、ＳＮＳの「いいね」が少なくて落ち込んだり、他の作家さんの本がよく売れていると聞いてうらやましさを感じることが今でもあります。

本章の最後にご紹介するこのメッセージは、光からそんなわたしたちみんなに、渾身の愛をこめて届けられたものだと思っています。

あなたはきっと長い間
自分の意思で決められない環境にいたんだね。

そのせいで、思う通りに生きられなかったり
口に出せなくて飲み込んだ言葉が
たくさんあったんだね。

感覚を鈍らせ、痛みを感じにくくするために
あなたはある時から感情を封印してしまった。

それは自分を守るために大切なことだった。

だけど、そのせいで
自分が本当は何をしたいのか？

何が好きなのか？

心が喜ぶことが何なのか？

わからなくなってしまった。

「心のワクワクを感じてみよう」と聞くだけで
心がザワついた。

ワクワクが感じられない自分は、ダメだと思った。
みんながキラキラ輝いているように見えて、羨ましかった。
みんなの喜ぶ顔を見るのが辛かった。
人の喜ぶ姿を、こんなふうに見ている自分が嫌だった。
いつも頭の中は、やらなければいけないことで一杯だった。
でも、いくら必死で行動しても結果は出なくて
小さな自分にがっかりした。

だけど
その行動はムダだったのだろうか？
あなたは果たして
本当に小さな自分なのだろうか？

今、あなたは
本来の自分に戻るために
少しずつ自由を取り戻しているところなんだ。

あなたの勇気ある行動が
宇宙から見たとき
どれほど眩しく輝いて見えるか
見せてあげたいくらいだ！

こういう自分になったら、人から認められる。
こういう自分になったら、自分を好きになれる。
そう思っているかもしれないけれど、そうじゃない。

今のあなたのまま　認めているよ。

今のあなたのまま　愛しているよ。

今のあなたのまま　許しているよ。

あなたが勇気を出して、一歩踏み出したその行動を
震えるくらいに喜んでいるよ。

あなたが自分を責めて、小さくなっている時
あなたの心を温めようと、いつも光を送っているよ。

気づかないかもしれないけれど
あなたはいつだって愛されている。

だから、どうかあなたも
あなたのことを大切に思って欲しい。

自分の本当の気持ちを知ることを
あきらめないでほしい。

小さいと思い込んでいる自分に

そうじゃないよと言ってあげてほしい。

あなたを抱きしめてあげたい。
だけど、体がないから
直接抱きしめてあげることができないんだ。

だからね
かわりに自分で自分を
抱きしめてあげてほしい。

よく頑張ったねと、撫でてあげてほしい。

自分に「大丈夫だよ」と

言ってあげてほしい。

「自分のままでいいんだよ」
「安心していいんだよ」
「ちゃんと光っているよ」

そう、自分に言ってあげてほしい。
そうしてくれると、とても嬉しい。

いかがでしたでしょうか？

わたしは光から、こんなふうにありのままを認め続け、愛し続け、許し続けてもらってきました。どんなに同じことを繰り返しても、責められることや否定されることは、決してありませんでした。

それによってわたしは少しずつ、満たされ、心がゆるみ、自分を信頼することができるようになっていったのです。

自分の不完全さを許せるようになったことで、わたしは周りの人の不完全さも、少しずつおおらかな気持ちでみられるようになっていきました。それによって、まわりの人への信頼レベルも上がっていったのです。

自分を信頼し、まわりの人を信頼し、人生を信頼し、宇宙を信頼できるようになり、わたしの人生は劇的に変化していきました。

そんなわたしがいま、確信をもって言えることがあります。それは、「宇宙はあなたのことをとてつもなく愛している」ということです。あなたの不完全さは、いつもあふれるような愛で許されています。

光からのメッセージはわたしだけに向けられたものではないことは、何度かお伝えしてきました。わたしが何か特別な能力を持っている、崇高な存在では決してないということも、きっともう十分に分かっていただけたと思います。

第3章では、いよいよあなた自身が光とつながり、対話するレッスンをお伝えしていきます。ぜひご一緒に楽しくトライして、あなたご自身で光からのメッセージを受け取っていただければ幸いです。

第3章

光とつながり対話するレッスン

さあ、ここからはいよいよ、あなたご自身が光とつながり、対話する方法をお伝えしていきたいと思います。

といっても、うまくいかなくても時間がかかっても、まったく問題ありません。肩の力を抜いて、楽しくトライしてみましょう！

対話のレッスン「イラスト編」

唐突ですが、ここに天使ちゃんの絵が４枚あります。

まずは、どれか一枚を選んでください。

レッスン1

選んだ絵の天使ちゃんが、あなたになにかを話しかけています。

なんて言っているような気がしますか？　想像してみてください。

遊びですから、なんでもOKですよ。自由に書いてくださいね。

レッスン2

次に、今あなたが気になっていることについて、教えてください。

嫌だなあと感じたことや、イラっときたこと、迷っていること等々……

最近、心が揺れたことがあったら、それを書いてみてください。

★例　「○○さんにこんなことを言われて嫌だったけど、言い返せなくてモンモンとしている」など。なるべく具体的に書いた方が練習しやすくなります。

レッスン3

レッスン2で書いたことについて、今度は話を聞いてくれそうな天使ちゃんを4つの中から選んでください。相性があります（笑）。

そして、選んだ天使ちゃんを見ながら、心の中でいいので、レッスン2に書いたことを相談してみてください。

話を聞いてくれた天使ちゃんは、なんて言っているように感じますか？
もちろんこれも想像でＯＫですので、書いてみてください。
なんでもいいですよ、遊びですからネ。
「なんとなーく、こんなふうに言っているような気がする」でＯＫ！

書けましたか？
それでは、今からこのレッスンの意味を、詳しくお伝えしていきます。

「特別な能力をもつ人だけが
高次元の存在とつながれる」という勘違い

いまはスピリチュアルな能力に憧れている方が、とても多くいらっしゃるようです。高次元の存在からメッセージを受け取るためには、スピリチュアルな、特別な能力が必要だと信じ込んでいらっしゃるのかもしれません。

わたしはそんな方々に出会う度に、「特別な能力がなくても、誰でも光と対話することはできますよ」とお伝えしています。ということは、もちろんあなたにもできるということです。

また、詳しくお話を聞いていると、勘違いしている人の多くは、能力が開花すると、ある日突然高次元の存在が話しかけてきて、必要な答えを親切に教えてくれるようになると思っていらっしゃるようです。

でも、それも残念ながら違っています。実は光は、わたしたちが問いかけないかぎり、一方的に話しかけてくることはほとんどないのです。つまり、「問いかけているかどうか？」が、対話をするための大切なポイントになるのです。

なぜ問いかけることが重要なのか？

光は高次元に存在し、すべての選択肢、すべての今が同時に見えています。

例えば、わたしたちが先の見えない困難な状況だと感じている時でも、光から見ると、「そこをちょっと曲がるとこんな出会いがあって、その扉をトントンッてたたくと、こんな可能性の扉が開くんだよね」というふうに見ているのです。

しかも、「あなたが何をどのように選択してもすべてOK！」であり、「あなたの目の前には、いつだって無限の可能性がある」と信頼しているので、一方的になにか……、特に意見やアドバイスのようなことを話しかけてくることはほとんどありません。

けれど、何もしてくれないのか？ というと、決してそうではないのです。わたしたちが自発的に答えを求める、つまり問いかければ、光はそれに応えてくれます。問いかけてもいないのに話しかけてくるような、お節介なことはしないということです。

わたしが一人二役で自問自答をしていたときに、突然自分ではない意識が話しかけてきたのも、「問いかけた」ことがきっかけになったのだと思います。先ほどのレッスン1とレッスン3では、天使ちゃんとお話をしていただきましたが、実はこれは「問いかける」レッスンだったのです。

光は愛と知恵であり、安心で安全なエネルギーです。レッスンで天使ちゃんを使ったのは、純真無垢な天使ちゃんを使うことで、心の緊張が解けて光とつながりやすくなるからです。

ちなみに、わたしの個人セッションの中では、32枚の「なんでも仙人メッセージカード」（トータルヘルスデザインにてご購入いただけます）を使って、対話のレッスンをしています。この「なんでも仙人メッセージカード」も天使ちゃんたちと同じようにほんわか優しい雰囲気の絵柄になっています。

心の緊張が解けることが、対話する時にはとても重要なポイントになるのです。

コツは「遊びの感覚」

レッスン1、2で、「遊びですよ」「なんでもいいですよ」とお伝えしました。「遊びの感覚」だと、光とつながりやすいのです。

光とは、すべてのときを慈しみすべてのときを楽しんでいる波動です。だから、「楽しい！」という「遊びの感覚」で問いかけてみると、光とつながりやすくなるのです。

光と自分をつなぐパイプ役とは

わたしは光から「高次元にある光と三次元にいる自分は、いつもつながっている状態なんだよ」と教わりました。一人ぼっちだと孤独を感じている方も、決して一人ではなく、いつも光とつながっている状態なのです。

では、一体なにでつながっているのでしょうか？

それは「心」です。心は、高次元にある光と三次元にいる自分をつなぐ、

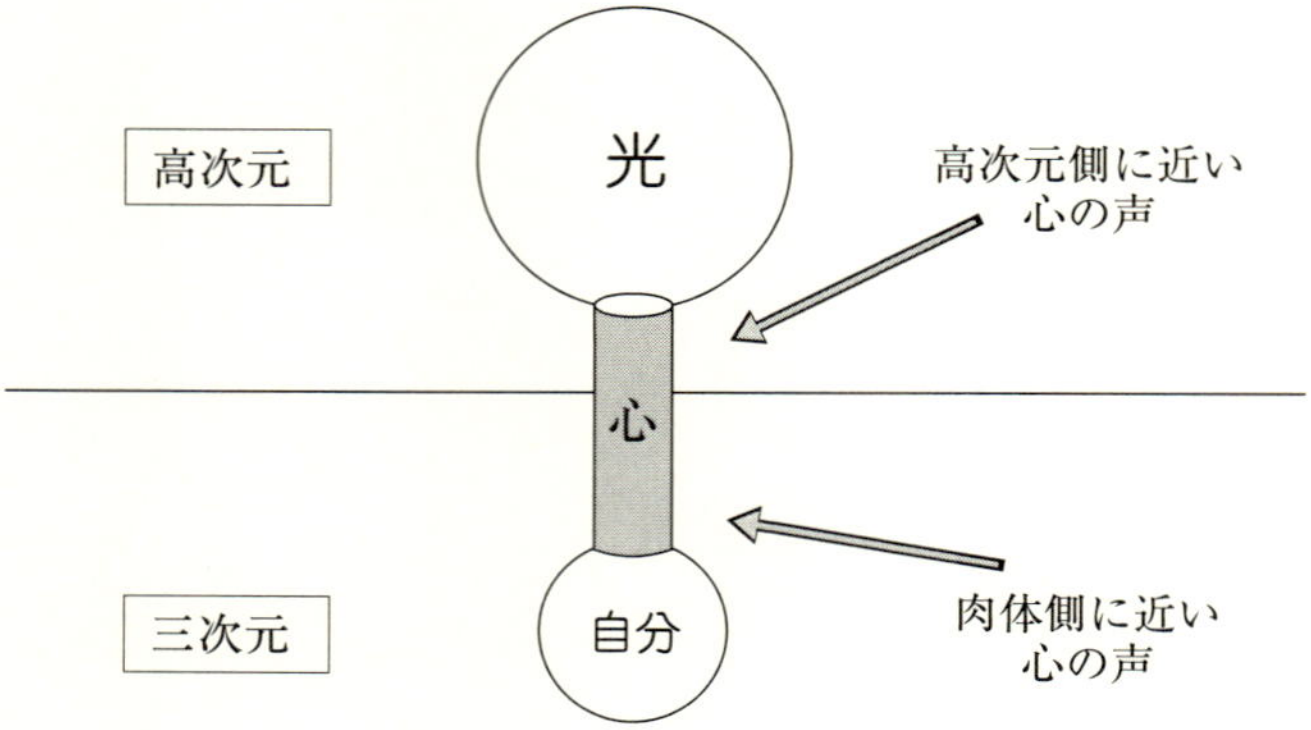

パイプ役をしているのです。

わたしが「心の声を聞いてください」と言うと、ずっと我慢することを繰り返してきた方の中に、「心の声が分からない」と言われる方がいます。限界を超えているのに我慢し続けていると、光と自分をつなぐパイプ役である心が、機能しにくい状態になってしまいます。

また、「心の声のとおりに行動しても失敗ばかりで、自分の心の声が信じられない」という方もおられます。

実は、「心の声」には、「高次元側に近い心の声」から、「肉体側に近い心の声」まで、いくつものバリエーションがあるのです。

「肉体側に近い心の声」と、「高次元側に近い心の声」

皆さんは人と話している時に、「あの人と話すと明るく感じる」「あたたかく感じる」「心が広がったように感じる」「心が軽くなったように感じる」と感じた経験はありませんか？

逆に、「あの人と話すと、暗く感じる」「冷たく感じる」「狭いところに押し込められたように感じる」「心が重くなったように感じる」と感じた経験はないでしょうか？

実は心は、「明度」「温度」「空間」「質量」を認識することができるのです。

心は高次元に近づくほど、「明るい」「あったかい」「広い」「軽い」と感じ、肉体に近づくほど、「暗い」「冷たい」「狭い」「重い」と感じるのだと、わたしは光から教わりました。

	肉体側に近い心の声		高次元側に近い心の声
（明度）	暗い	⇕	明るい
（温度）	冷たい	⇕	あたたかい
（空間）	狭い	⇕	広い
（質量）	重い	⇕	軽い

なぜそう感じるのかというと、高次元は「明るくて」「あたたかくて」「広々と感じて」「軽やか」な波動だからです。

また、三次元の肉体に入っている状態は、高次元と比べると大きな制限がかかっている状態です。だから、「暗い」「冷たい」「狭い」「重い」と感じやすいのだそうです。

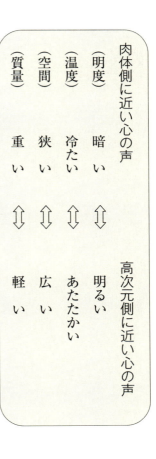

自分の心に問いかけた時、出てきた言葉が、『暗いか、明るいか?』、『冷たいか、あたたかいか?』『狭いか、広いか?』『重いか、軽いか?』を感じてみると、それが高次元側に近い心の声なのか、それとも肉体側に近い心の声なのかが分かります。

また、人と話したときに、『あの人と話をすると明るく感じる』『あたたかく感じる』『心が広がったように感じる』『心が軽くなったように感じる』と感じるのは、相手の言葉の中に高次元の感覚があったからです。

第2章の光からのメッセージを読んでいただいた時、皆さんはどんな感じがしたでしょうか?

レッスン1、3で天使ちゃんに問いかけたとき、想像して出てきた言葉は、どんな感覚だったでしょうか？

もしも「明るい」「あたたかい」「広い」「軽い」、どれかが当てはまっていたとしたら、それは間違いなく光との対話がスタートしたということです。

そのほかにも、光のメッセージには、「ユーモアがある」「勇気や希望がもてる」「行動できる言葉をかけてくれる」「ジャッジをしない」という特徴があります。

安心して、どんどん問いかけてみてくださいね。

対話のレッスン「ペット編」

先ほどはイラストを使いましたが、対話の方法は他にもあります。無条件に愛を与えてくれる存在であるペットとの対話は、とても楽しいレッスンになります。

ペットを飼っている方は、ぜひペットに話しかけてみてください。そして、ペットがなんと言っているかを想像してみてほしいのです。

もちろん、「なんとなく、こう言っている気がする」という感じでＯＫです。先ほどもお伝えしたとおり、まじめにやるより、遊びの感覚の方がつながりやすいのです。

そして、なんとなく浮かんだ言葉が、「明るくて」、「あたたかくて」、「広くて」、「軽ければ」、ペットを通して、光との対話をしているということになります。

対話のレッスン「心に問いかける編」

心の中で自分に直接問いかけてみると、言葉がポンと浮かんでくることがあります。

浮かんできた言葉が、「明るくて」、「あたたかくて」、「広くて」、「軽ければ」、これも光との対話をしている状態です。

頭で考えすぎてしまう傾向のある方は、このやり方は苦手だと言われる方が多いので、そんな場合には次の方法をおすすめします。

対話のレッスン「一人二役の自問自答編」

これは、光との対話が始まる前に、頭を整理するためにわたしが実際に習慣としてやっていたやり方です。「悩む自分」と「カウンセラー役の自分」、一人二役で行います。

「カウンセラー役の自分」は、気持ちを受け止めながら、話を促してあげる役割です。

このやり方のいいところは、カウンセラー役の自分は、「頭でガッツリ考えてもかまわない」という点です。イメージするのが苦手、心に問いかけるのが苦手、という人には、とてもおすすめの方法です。

❖例えばこんな感じです。

（悩む自分）「なんかモヤモヤする……」

（カウンセラー役の自分）「なにがモヤモヤするの？」←

（悩む自分）「あの人にこんなことを言われた」←

（カウンセラー役の自分）「そっかそっか……。それはイヤだったね」←

「うん。落ちこんじゃった……」←
（悩む自分）

「どの言葉が一番ひっかかったの？」←
（カウンセラー役の自分）

こんなふうに、一人二役で紙に書き出していきます。すると、不思議なことに、普通に頭で考えるよりも早く、勝手にスラスラと言葉が出てくるようになります。

カウンセラー役の自分は、客観的な視点をもっている自分です。実はこの視点は、高次元の視点に近いのです。

頭でガッツリ考えているつもりが、気づいたら、考えなくても言葉が浮かんでくる、という感覚になります。そして、続けていくうちに、カウンセラー役から出できた言葉が、「明るくて」、「あたたかくて」、「広くて」、「軽ければ」、これも光と対話をしているのと同じ状態になっているのです。

一人二役で腑に落ちるまで紙に書き出していると、カウンセラー役の自分からハッとする質問が出てくることがあります。または、自分の中の気づいていなかった答えが、自然にあふれてくることがあります。

ぜひたくさん対話して、心を整理し、勇気と希望をもらってくださいね。勇気がわいてきたら、自然と行動したくなっていきます。

よくある質問

最後に、皆さんからよくいただくご質問をご紹介したいと思います。ぜひ、対話のレッスンの際の参考にしてくださいね。

質問1

想像した言葉は、明るくて、あたたかくて、軽やかな言葉でした。でも、以前読んだ本の言葉を思い出して、それがただ浮かんできただけのような気がします。

＊みやがわ

以前読んだ本の言葉を思い出して浮かんできた言葉だったとしても、明るくて、あたたかくて、軽やかであれば、行動することができます。

「行動できる言葉」「勇気や希望がわいてくる言葉」「一歩前に踏み出せる言葉」をかけてくれるということも、光からのメッセージの特徴です。なぜなら、光は体験がしたくて肉体に入ったからです。行動できなくなるような言葉をかけてしまったら、肉体に入った意味がなくなってしまいますものね。

それから、光は様々な方法でメッセージを伝えてきます。

例えば、「たまたま見たＣＭに、必要なキーワードが出てきた」とか、「たまたま車の中で音楽をかけたら、飛び込んできた歌詞が今の自分にピッタリで、勇気をもらった」という経験はありませんか？

このように、光は自分がなにげなく発した問いかけに対して、テレビや、ＣＤを通して応えてくれることがあります。また、人の言葉を通して、その人に必要な言葉を届けてくれることもあります。

つまり、ご質問いただいた「以前読んだ本の言葉を思い出して、ただ浮かんできただけ」というのは、実はただ浮かんできたのではないのです。もし、明るい、あたたかい、広い、軽い、と感じたのなら、それは、間違いなく光のメッセージをキャッチし、それが言葉として浮かんできた、ということです。

ぜひその言葉を受け取って、どんどん行動してくださいね。

質問2

想像したら言葉は浮かんできましたが、耳に聴こえたわけではありません。それでも、聴こえたことになるのでしょうか？

＊みやがわ

「聴こえる」というと、耳に直接聴こえるものだと思う方がいらっしゃるのですが、そうではなくて、「心の中にポーンと言葉が飛び込んでくる」「あふれてくる」「わいてくる」「おりてくる」という感覚です。

浮かんできた言葉が、明るくて、あたたかくて、広くて、軽ければ、対話できている状態です。

質問3

言葉は浮かんできましたが、一言、二言で、みやがわさんのように長い対話にはなりません。これって対話できているのでしょうか？

＊みやがわ

対話するコツは、自分の感情の動きをきっかけに対話することです。ネガティブな感情を嫌う人が多いのですが、対話をするときは、このネガティブな感情が対話のよいきっかけになります。

対話して腑に落ちないときは、「でも……」「だって……」という気持ちを、素直に伝えてみてください。

例えば、「でも、そうは言っても○○なんです」「だって、○○なんです」というような感じです。

「でも」「だって」はダメと否定する人もますが、光はいっさい責めないし、ジャッジもしない慈愛の存在です。わたしたちのどんな問いかけに対しても、愛と知恵で返してくれます。

このようにして、普通に会話をするように続けていくと、しだいに長い対話になっていきます。大切なポイントは、出てきた言葉が、「明るいか」

「あたたかいか」「広いか」「軽いか」だけです。

質問4

出てきた言葉は、責めるような言葉でした。これは対話できている状態でしょうか？

＊みやがわ

それは、光からのメッセージではありません。これまで生きてきた中で、人から責める言葉をかけ続けられてきた方は、そのときの言葉が再現されて出てくることがあります。

責めるような言葉が出てきたときは、光からのメッセージではありませんので、安心して、聞き流してください。

対話したときに責める言葉が出てくることが多い方は、まずは安心できる環境に身を置いていただくことが大切です。心が委縮していることが多いので、安心できる環境の中で、充電されることをおすすめします。

「一人でやってもよく分からない」という方は、予約制で個人セッションをしておりますので、わたしと一緒にレッスンをしていただくと、感覚をつかみやすいと思います。どんなことでもそうですが、「簡単にできるよ」とコツをつかんでいる人と一緒にやると、思いのほか簡単にできるものです。

質問5

出てくる言葉はあたたかくて、軽いのですが、これって自分にとって都合のよい言葉を創り出しているだけじゃないでしょうか？

＊みやがわ
もし都合のいい言葉だと感じられたなら、腑に落ちなかったところを、どんどん質問していかれるといいと思います。


出てくる言葉が、明るくて、あたたかくて、広くて、軽かったら、質問を繰り返していくうちに、腑に落ちる答えがやってきます。

腑に落ちたときの感覚は、「ハッ！」となり、視界が開けて明るくなったように感じます。または、自然と「うんうん」と頷いていたりします。

もしなにも言葉が出てこないときは、一度対話をやめて、お風呂でリラックスしたときにでも、もう一度、対話してみられるといいでしょう。

第4章

【運】は自分で開くもの

【運】とはなにか

ちょっと話は変わりますが、世の中には、開運に関する本や、開運グッズ、開運の神社やパワースポットなど、【開運】に関する情報が、本当にたくさんあふれています。きっとそれだけ多くの方が、【運を開く】ということに、興味をもたれているからでしょう。

第3章で「スピリチュアルな能力に憧れている方が多い」ということを書きましたが、これはスピリチュアルな能力を持つことで【運を開く】ことができるというふうに感じていらっしゃる方が多いということなのかもしれません。

ところで、【運を開く】の【運】とは、いったいなんなのでしょうか？

辞書で調べてみると、

「人の身の上にめぐりくる幸・不幸を支配する
人間の意志を超越したはたらき」

とあります。わたしは以前、光に、「【運】とはなんですか?」と問いかけたことがあります。すると、こんな返事が返ってきました。

❊――――――――❊

【運】に、いい・悪いはないんだよ。

【運】とは、どの世界とつながりをもつか、ということ。

現実はたったひとつしかないと思っている人が多いが実はそうじゃない。

高次元にはいろんな【今】（並行現実）が存在する。

人は瞬間瞬間に、つながる【今】を変えている。

これを聞いたとき、わたしは【運】に「いい・悪い」がないということに驚きました。三次元の視点では、「いい・悪い」がありますが、高次元の視点には、「いい・悪い」がないようなのです。

高次元では、あらゆるパターンの【今】が同時に存在しており、【運】とは、どの世界とつながりをもつかだけのことだと光は教えてくれました。

あらゆるパターンの【今】の中から、わたしたちは瞬間、瞬間に、つながる【今】を変えています。

あらゆるパターンの【今】は、そこにつながるまではあくまでも可能性領域にすぎません。自分の体を通して、つながった【今】を体験することではじめて、「これが現実だ」と実感するのです。

あらゆるパターンの【今】には、流れがスムーズな【今】もあれば、流れが滞っている【今】もあります。

実は、三次元で言う【運がいい】状態とは、流れがスムーズな【今】とつながっているときのこと。逆に、【運が悪い】状態とは、流れが滞っている【今】とつながっているときということなのです。

流れがスムーズな【今】は、登場人物が、笑っていたり、やさしかったり、穏やかであったりします。流れが滞っている【今】は、登場人物に元気がなかったり、イライラしていたり、人を責めていたりします。

それはつまり、つながる【今】によって、家族や友達、職場の人など、同じ登場人物なのに、言動が変わるということです。

だから、「相手を変えようとしなくても、つながる【今】を変えれば、現実はおもしろいように変わるよ」と、光は言うのです。

【運】を開く方法とは

では、どうすれば【運】を開く、つまり流れがスムーズな【今】につながることができるのでしょうか？

実は、日常のちょっとしたことで、わたしたちはつながる【今】を簡単に変えることができます。わたしが光から教えてもらったのは、こんな方法です。

- 自分を大切に扱ってあげる
- 五感を使って心を喜ばせる
- 楽しいと感じることをする

●ワクワクする
●思わずプッと笑う
●安心する
●心がゆるむ
●リラックスする
●時間を忘れるくらい「今」に集中する
●ぬくもりを感じる
●安心できる環境に身を置く
●感動する
●感謝する
●祈る

カウンセリングの中で、人生がうまくいっていない方や、人から責められやすい方、仕事でミスが続くという方には、まず最初にこれまでにお伝えしたような光のメッセージをお伝えするようにしています。

いかに宇宙から愛されているのか、認められているのか、許されているのかということを知っていただくことで、心がゆるみ、安心されるからです。

心がゆるみ、安心してリラックスした状態になったら、次に先ほど挙げたような「心が喜ぶ時間」を、日常の中で積極的に作ってもらえるようにご提案していきます。これまで具体的にどんなことをしていただいたか、すこしご紹介しますね。

● おいしいものを食べる
● 心地いい音楽を聴く
● 好きなアロマの香りをかぐ

- 好きな本を読む
- 好きなドラマを見る
- 美しい景色を眺める
- 入浴時にワクワクする入浴剤を入れてみる
- お風呂にゆっくりつかる
- ふわふわした心地よいタオルを使う
- お風呂上りに、ボディークリームを塗る
- 肌触りのよいパジャマを着る
- お気に入りのカップで紅茶を飲む
- 好きな季節のフルーツを、かわいいデザート皿に盛って食べる
- 友達とランチをする
- 自分を大切にしてくれる人と一緒に過ごす
- 自分を大切にしてくれない人とは離れる（または距離をおく）

● 整体やマッサージに行く
● テンションが上がる服を着る
● 笑えるテレビ番組を見る（好きなお笑い芸人のネタなど）
● 旅行に行くなど、非日常を楽しむ
● 自分のためにお花を飾る
● 行ってみたかった場所に行く
● やってみたかったことをする……等々

この中からやってみたいとワクワクされたものを、それぞれの日常に取り入れていただきました。すると、相談者の方から嬉しいご報告がたくさん寄せられたのです。

「いつもイライラしていた上司が、今日は笑顔でしゃべりかけてきてびっくりしました」

「以前は怒っていたり、責める口調だった職場のAさんが、困っていることはない？　なにか手伝おうか？　と、やさしく声をかけてきました。なんだか気持ち悪いくらいです」

「不登校でずっと元気がなかった娘が、笑顔で話しかけてきてくれました。自分からフリースクールについて調べはじめ、行動を起こしていることに驚いています」

「心が喜ぶ時間を作ることで、今まで自分を大切にしてあげていなかったことに、あらためて気づきました。自分に丁寧に向き合ってあげることで、しあわせだなあと感じる瞬間が増えました」

このような、皆さんから寄せられたご報告を拝見していると、いくつかの共通点があることに気づきました。

シンクロが頻繁に起こるようになったこと。人から嬉しい言葉をかけてもらうようになったこと。タイミングが合うようになり、流れがスムーズになったこと。ラッキーなことや、嬉しい出来事があったこと……。

つまり、【運がいい】と感じる瞬間が増えたことが書かれていたのです。

また、ここまで挙げてきたこととは逆のこと、つまり、自分を大切に扱わなかったり、「どうせ自分なんて……」と過小評価していたり、自分を責めるようなことを続けていると、流れが滞ったり、タイミングがズレてきたり、人から責められたりと、【運が悪い】と感じる瞬間が増えることが、わたし自身の体験や、相談者の方々の報告で分かってきました。

カウンセラーとして13年間、検証を続けてきて、自分で【運】を開くこと、つながる【今】を変えることは、日常のちょっとしたことで簡単にできるということを、わたしは実感しています。

今すぐにできることばかりですので、ぜひ今日から、ひとつでもふたつでもいいので、楽しく軽やかに生活の中に取り入れてみてくださいね。

【運】が画期的に開いた！ゼロポイント・アプローチとの出会い

わたしの【運】が画期的に開いた！と感じたことのひとつに、ゼロポイント・アプローチ創始者の橋本陽輔さんとの出会いがあります。２０１３年のことです。

2013年が始まるにあたって、わたしは光から、**「これからは『楽しい』がキーワードの時代になるよ」**という言葉を受け取っていました。

そんな2013年1月に出版された橋本さんの『悟る技術』(ヒカルランド)という本を読んだ時、わたしの中で衝撃が走りました。「なっ、なんだ!この方法は!」「斬新すぎるっ!」と、全身の細胞が大騒ぎしたのです。

なぜそんなに驚いたかというと、その本に書かれていた内容が、「人の悩みをまったく聞かずに、悩みを解決する方法」だったからです。カウンセラーをしているわたしからすると、信じられないような内容でした。

読み終えてから、早速まわりの方に実験してみたところ、「気になっていたことが、気にならなくなった」と言われる方が続出しました。

これはすごいと思ったわたしは、橋本さんから直接学びたいと思い、すぐに橋本さんのセミナーを受講することにしました。橋本さんとはそのときからのご縁になります。

ありがたいことに、その後、橋本さんとは何度もコラボセミナーをさせていただきました。そして、2019年には「ゼロポイント・アプローチ」のインストラクター資格も取得しました。

先ほどもお伝えしましたが、ゼロポイント・アプローチの驚くべき点は、悩みを詳しく聞かずに、悩みを解決してしまうところです。問題だと思っていたことが、ゼロポイント・アプローチを使うと、問題ではなくなってしまうのです。
では、実際にはどのようなことをするのか、ちょっぴりご紹介しますね。

ステップ1：コトバで3回言う

嫌だなあと感じていることや、ひっかかっていることを、コトバで3回言います。
そして言った後、そのコトバを色に喩えてみます。
例えば「人に嫌われたくない」という言葉でやってみましょう。

①「人に嫌われたくない」と3回言います。そのコトバを、あえて色に喩えてみるとしたら、何色な感じでしょうか？

（「真っ黒です」とか、「茶色い感じ」「青っぽい」「薄いクリーム色」「半分紫で下の方が黒っぽい」など、人によって感じ方はそれぞれです。色に喩えるのは自分の感覚でＯＫです。正解不正解はないので、なんとなくこんな感じ、くらいの感覚で喩えてみてくださいね）

②「人に嫌われたくない」と言った時に、体のどのあたりがザワっとするか、モヤっとするかも感じてみてください。

（喉のあたりがザワっとするとか、胸のあたりが重いとか、頭のあたりがモヤっとするとか。これも自分の感覚でＯＫです）

③ 体に感じた感覚を、例えば形で表現するとしたら、どんな形でしょうか?

(喉のザワっとした感じは、トゲトゲの針がついている感じとか、胸のあたりの重たさは、鉛のように丸くて重いとか、液体のようにねばねばして床に張り付いている感じとか、頭の上に石のようにのっかっている感じとか、人によっていろいろですから、これも自分の感覚でOKです)


いかがでしたか?

これはコトバを、色や形、触感、距離感などの3Dで表現する「3Dスケーリング」という、ゼロポイント・アプローチ独自の手法です。

深刻な時ほど、濃い色に喩え、重たさを感じたり、ザワっとしたりします。３Ｄスケーリングをすることで、詳しく悩みを聞かなくても、感情の度合いを測ることができるのです。

また、そのコトバのトーンや、重たさ、声の出しやすさによって、その人がどのくらい深刻に考えているのかが分かります。

深刻に考えているときは、声のトーンが低くなります。声が出にくかったり、胸のあたりがザワっとしたり、モヤッとしたりします。軽やかになってくると、声のトーンが上がり、声が出やすくなります。

わたしは何度も試しているうちに、声のトーンを聴けば、その方がどのくらいそのことを深刻に考えているかが分かるようになりました。これは自分の声でもチェックできるので、声のトーンが下がっているときは、「あっ、今、深刻になっているな」と気づくことができます。

そして、様々なアプローチをしていくことで、そのコトバについていた色が透明に近づき、声のトーンが上がっていくと、さっきまで問題だと思っていたことが、「あれ？ なんで悩んでいたんだっけ？」というように、変化していきます。とても不思議な感覚です。

ゼロポイント・アプローチでは、「生まれる前に〝遊びとして〟人生の課題を自分自身で設定してきた」ととらえると、人生のどんな問題も解決しやすくなるとお伝えしています。

「イヤだ」「不快だ」「つらい」「苦しい」という感情は、実は「課題が現れましたよ」というアラーム装置のようなものなのです。

この状況を、「必死で」「前向きに」変えようとするのではなくて、すべての課題を「楽しい」「遊び」の方向性でやっていくと、解決できるよ、と橋本陽輔さんはおっしゃいます。

では一体、どんなふうにして、楽しく遊ぶのでしょうか？

ステップ２：ピンク色を使う

①胸、のど、首の後ろを、ピンク色のタオルで覆い、30秒ほどおきます。

②ピンク色で覆った状態で、声に出して、ステップ１で試した「人に嫌われたくない」というコトバを３回言ってみてください。

●声のトーンや、重たさ、ザワザワ感はどうでしたか？

●そのコトバを、あえて色に喩えてみるとしたら、なに色な感じですか？

●体のどのあたりがザワッとするか、モヤッとするかも感じてみてください。

●その感覚をあえて、形で表現してみるとしたら、どんな感じですか？

すると、安心するとおっしゃる方や、コトバの色が薄くなったり、ザワッとした感じが少しおさまったり、声のトーンが少し上がったり、声が出やすくなる人が多くいらっしゃるのです。

「まさか！ そんなことで？」と驚かれるかもしれませんが、ピンク色には感情の周波数帯を上げ、コトバの色を透明化する作用があるようです。

わたしたちの感情は、二元性（プラスとマイナス、陰と陽など）により、常に振り子のように振れている状態です。この波の動きが周波数と呼ばれるものです。

周波数帯が上がると、穏やかだったり、楽しさやしあわせを感じやすくなります。また、周波数帯が下がると、イライラしたり、不安になったりします。

声のトーンも周波数です。声のトーンが下がっている時は、周波数帯が下がっている状態です。声のトーンが上がると、周波数帯は上がります。

橋本陽輔さんは、著書『パラレルワールド・移動メソッド　ゼロポイントマジック』（ヴォイス）の中で、この世界には、幾層にも分かれ、並行に走るパラレルワールドの周波数帯があると書かれています。

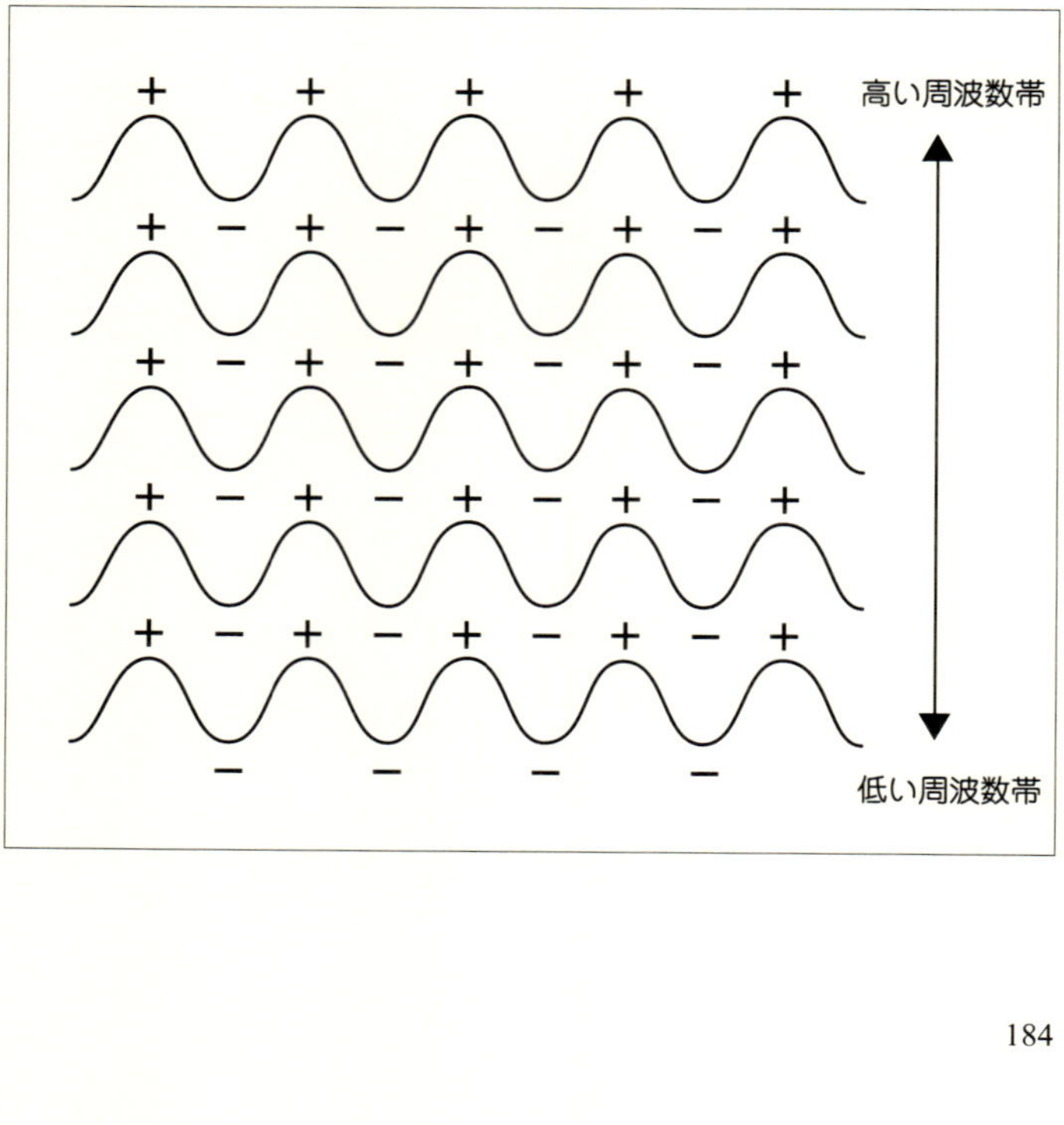

わたしはゼロポイント・アプローチを学ぶうちに、わたしが光から教わったことと、ゼロポイント・アプローチには、共通点がいくつかあることに気づきました。

- 「楽しい」「遊び」の方向性
- パラレルワールド（並行現実）の存在
- 瞬間瞬間に、つながる【今】を変える
- それによって、同じ登場人物の言動が変わる

目の前に現れる出来事に対して、「楽しい」「遊び」の方向性で向き合う

と、周波数帯が上がり、問題が問題ではなくなっていくのです。

それでは、「問題が問題ではなくなる」遊び方について、もう少しみていきましょう。

ステップ3：思わずプッと吹き出す笑いを取り入れる

①胸、のど、首の後ろを、ピンク色のタオルで覆ったまま、例えば、お尻で「人に嫌われたくない」と書いてみましょう。「嫌」の漢字が難しいので、テクニックがいります（笑）。

②書けましたら、コトバで3回「人に嫌われたくない」と言ってみてください。

●声のトーンや、重たさ、ザワザワ感はどうでしたか？

●コトバを、あえて色に喩えてみるとしたら、なに色な感じですか？

●体のどのあたりがザワっとするか、モヤっとするかも感じてみてください。

●その感覚をあえて、形で表現してみるとしたら、どんな感じですか？

いかがでしたか？

思わずプッと吹き出す笑いは、周波数帯が一気に上がりやすいのです。笑いのツボは人によって違うので、わたしは相談者の方がどんなことでプッと吹き出してしまうか、いつもいろんな笑える実験をしています。

他にも、周波数帯を変える方法はたくさんあります。橋本陽輔さんの著書『パラレルワールド移動メソッド　ゼロポイントマジック』に、とても分かりやすく書いてありますので、興味のある方はぜひご一読ください。オススメの一冊です。

ちなみに、わたし自身の体験談をすこしご紹介すると、ゼロポイント・アプローチのセミナーにはじめて参加した時、橋本陽輔さんから、「つながりたいビジョンは？」と尋ねられました。

そこで、わたしは「次々本を出版するというビジョンにつながりたいです」とお伝えしました。そして、それにまつわる様々なコトバを透明化したのですが、そのひとつに、「商業出版が一週間で決定します」というコトバがありました。

最初のうちは、「いやいやいや……、いくらなんでも、一週間はムリでしょ」という心の声が、グルグルしていました。けれど、途中からそのグルグルが止まり、コトバが透明化していったのです。

その一週間後のことです。

（株）ヒカルランドさんからメールでご連絡をいただき、出版が決定しました。それが、『なんでも仙人の魂レベルでスッキリ解決』という本です。

ゼロポイント・アプローチと出会って、わたしは気になることをサクッと軽くすることが簡単にできるようになりました。セミナーや、個人セッションでお会いした方には、その場でデモンストレーションをさせていただき、ひっかかっているコトバを軽くしています。

実際にコトバが軽くなって、皆さんとても驚かれます。でも本当に驚くのはその後の変化です。日々たくさんの方から、嬉しいご報告をたくさんいただいています。

ひっかかっていたコトバが軽くなると、問題が問題ではなくなっていき、日常の中で【運】が開けたと感じる出来事がどんどん起こってくるのです。

第5章

【自分の宇宙】で豊かに生きる

【自分の宇宙】で輝き始める幕開け

2019年に入ってから、これまでとは少し違うメッセージが光から届くようになりました。

「宇宙はたったひとつではなく、
一人ひとりに、【自分の宇宙】が存在する」

わたしはそう教わりました。そして、こんなメッセージを受け取ったのです。

2019年は、一人ひとりが【自分の宇宙】で輝き始める幕開け

「自分のままでOK」

「人と比べなくていい」

「自分をしあわせにすることに責任をもつ」

と言える人が、一人、またひとりと増えていくだろう。

もちろん一斉に「ハイ!」と変化するわけじゃないよ。
時代を引っ張っていく、先駆者的な人に
続く人たちが増えていくということ。

そして、これからは
【自分の宇宙】という言葉を耳にすることが増えるだろう。

【自分の宇宙】を意識しはじめることで
人と比較することが
ナンセンスだと理解する人が増えていく。

2019年は、一人ひとりが
【自分の宇宙】で輝き始める幕開け。

さあ！
あなたは【自分の宇宙】を、どんな宇宙にしたいかね？

一人ひとりが【自分の宇宙】で輝き始める。

それはとても画期的で、パワフルな言葉だと感じました。もし一人ひとりに【自分の宇宙】が存在するのだとしたら、人と比較する必要はなくなります。

けれど、【自分の宇宙】という聞きなれない言葉を、どのようにイメージしたらいいか分からないという方も多いと思います。

そこで、カウンセリングの時などに具体的に届いた【自分の宇宙】についてのメッセージを、いくつかご紹介したいと思います。

自分の宇宙のルール・自分ものさしを創ろう

不登校のお子さんのことで悩んでいるお母さんから、こんな相談を受けました。「子どもの可能性を信頼し、焦らずに子どもに向き合いたいと思っているのですが、学校や、自分の両親からいろいろと言われると、つい不安になってしまいます」。

このお母さんには、こんなメッセージが届きました。

この世にはいろんな「ものさし」がある。

それにピタッと合えばいいが
合わないと生きづらくなってしまう。

それなら、「自分ものさし」を創ろう！

「自分ものさし」とは
「自分の宇宙のルール」のことだよ。

「自分の宇宙」は、自分が決めたことで創られていく。

「自分ものさし」はなんでもいい。

自分にとって、勇気や希望

行動するための力になるならね！

例えば、子どもが不登校だとすると

「学校に行くこと」が「○」
「学校に行かないこと」が「×」

というのが、多くの人がもっているルール。

「自分ものさし」を創るなら
例えば「子どもがなにで心をふるわせたか？」
という「ものさし」にしてみる。

これは喜怒哀楽すべての感情についてね。

学校で授業を受けなくても
人生を豊かにする方法はいくらでもある。

まずは充電して、心をいっぱいふるわせて
それから考えればいいんだよ。
どんな人生にしようか？って。

焦るから、学校に行くことをゴールにしてしまう

世間体や、不安や、焦りが乗っかった「ものさし」だと
子どもはますます動けなくなる。

本当に自分のことを思っての言葉なのかどうか
子どもはちゃんと見抜くんだよ。

まあ、親も人間だからね。

自分に理解できないことをする子どもに対して
不安や焦り、怒りが出てくるのは当然のこと。

だから、見守る親にも「自分の宇宙のルール」
「自分ものさし」が必要だね。

「自分が生きているだけで、いかにOKか？」
それを知るための「ものさし」がね。

例えば「呼吸をしているだけでＯＫ」
そう思ったら

今日やったこと、できたことがいっぱいあるだろう？

それを数えるチャレンジをしているんだよ。

ためしに
自分にフォーカスして、それをやってごらん？
そうすれば、やさしい自分とつながるよ。

あなたの世界は、やさしい世界になるよ。

「そんなことをしていたら
自分に甘い人間になるんじゃないか？」

そう言う人も、当然いるだろう。

そういう意見があってもOK
それは「その人の宇宙」のルールなんだよ。

その人が挑戦していることだからね。
「おおいにトライ！」って、応援してあげたらいい。

だけど、「自分の宇宙」には介入させなくていい。

だって、違う宇宙だからね。

自分にとって
勇気や希望、行動するための力になるような
「自分ものさし」を創ろう！

人の「ものさし」で、自分をはかるなかれ！

●いろんな価値観があっていい。
●自分の価値観も、相手の価値観も尊重する。

●けれど、もし自分を苦しめる価値観を一方的に押し付けられそうになったら、そのときは【自分の宇宙】には介入させない。

そんなふうに決めていると、わたしたちはずいぶん楽に生きられます。人に振りまわされることなく、自分にパワーが戻ってきます。

今の時代に生まれてきた子どもたちは、「魂の感覚」をもっている子が多い、と教わったことがあります。しあわせに生きるためのシンプルな本質を、ちゃんと分かっているのです。

だから、世間体を気にしたり、将来を心配するような気持ちから伝える言葉が、全く響かないのです。

子どもが不登校になると、「学校に行けないことは問題だ」と、つい思っ

てしまいがちです。けれど、問題というとらえ方ではなく、

子どもの出来事を通して
実はあなた自身が自由度を画期的に上げる
チャレンジをしているんだよ！

と、光は教えてくれます。

宇宙には　あなたのファンが　ビビるほどいる

皆さんは、ＳＮＳの【いいね】の数が少なくて、落ち込んでしまった経験

はありませんか？
数字に一喜一憂してしまうことはよくあることです。これに対して光から届いたメッセージは、慈愛に満ちた力強いエールでした。

光

人の活躍を知る『ものさし』として多くの人が「数」に注目している。

★SNSの「いいね」の数
★フォロワーの数
★参加者の数
★お客様の数

★売数
★視聴率
★メディアの露出回数……などなど

『数』によって自信を失ったり
振りまわされる人がたくさんいるね。

『数』が多いと
注目されている、人気がある
評価されている、売れている……と思う。

みちこ　思っちゃいますね。

光　そんなのは錯覚！

みちこ　錯覚?!

光　そうだよ。
あなたの宇宙は、全チャンネルあなたが主役！
どこをかけてもあなたが映っているよ。
あなたは超人気者！
あなたの宇宙じゃ、みーんなあなたに首ったけ（笑）。

みちこ　……みんなって？

光　あなたを見守っているみんな。
あなたとつながっているすべて。

みちこ　それは高次元の存在っていうことですか？

光　そう。人の数の比じゃないよ！
なんたって数で表わせないんだから（笑）。

みちこ　へえ……。なんだか、分かるような分からないような……。

光　それじゃあ、ひとつ賭けをしよう。

みちこ　賭け？　ですか？

光

そう。
一人ひとりが、『自分の宇宙』の主役！
『自分の宇宙』の超人気者であることを自覚し
自分の存在を慈しむと決めると、どんな変化が起こってくるか。

小さなミラクルが山ほど起こってくる！
ということに、賭ける！

みちこ

おお!! すごい賭けですね。

光

自信あるよ！ ここで一句！
【いいかげん　知ろうね、あなた　主役なの】

【宇宙には　あなたのファンが　ビビるほどいる（字余り）】

【ヘコむなよ　あなたのファンは　宇宙規模！】

みちこ　なんと！　五・七・五できましたか！（笑）。

光　自分の価値は、自分じゃよく分からないものなんだよ。

『数』という『ものさし』は

無限にある『ものさし』のなかの

たったひとつに過ぎないんだよ。

そんなものだけで自分の価値をはかるなよ！

自分の宇宙のルールは、勝手に創っていい

先にお伝えしたとおり、わたしは義母との同居&介護をしていた時期があります。

最初は義母のことを大切に思ってはじめた同居&介護でした。ところが、いざ一緒に暮らしはじめてみると、その生活は想像以上に大変でした。体力的にも精神的にも疲れてしまい、義母に対してやさしい気持ちがだんだんとわいてこなくなりました。

時にはイジワルな自分が出てくることもあって、そんな自分にひどく落ち込んでしまったことがあります。これは、そんなときに届いたメッセージで

す。

光　もう『イジワル』っていう言葉は、やめにしないかい？

そうじゃなくて、例えば

『無理してる』っていう言葉はどうかな？

みちこ　……！

光　イジワルな自分が出てくるっていうことは

相当、無理しているということだよ。

みちこ　ああ……、そう言ってもらうと涙が出ますね。

光　これからは、『自分の宇宙』では
『イジワルな気持ちが出てくる』を
『相当、無理してる』っていう言葉に変えちゃいなよ。

みちこ　変えるんですか?!

光　そうだよ。
『自分の宇宙』のルールは自分で勝手に創っていいんだよ。
『勇気や希望が湧いてくるルール』
『一歩前に踏み出せるルール』を

ぜひ、たくさん創ってほしいね。

対話しながら、わたしは涙があふれてきました。どんなに不完全なわたしでも、光はこんなふうに、ありのまま認め続けてくれるのです。

メッセージにあったとおり、わたしは相当、無理をしていました。きっと、介護をされている方のなかには、わたしと同じように限界を超えて無理をされている方が、たくさんおられると思います。

やさしくしたいのに、やさしくできない……。そんなふうに自分を責めて、苦しくなってしまったときは、やさしくできないままでいいから、まずは自分の頑張りを、いっぱいいっぱいねぎらってあげてくださいね。

そして、もっと頑張るというのではなく、デイサービスや、ショートステイ、介護老人保健施設、特別養護老人ホームなど、あらゆる施設を利用しながら、できるだけ自分の負担を減らすことを考えてください。それは決して「イジワル」なんかではないのですから。

勇気が湧いてくる【自分の宇宙のルール】を、ぜひ大切な自分のために、創っていただきたいと願っています。

さあ、探究しよう！

もう一つ、ご紹介したいわたしの体験談があります。

同居している義母に、わたしのものを貸してあげられる日と、あげられない日がありました。貸してあげられないのは、義母に対してイジワルな気持ちが出ているときでした。

もっとおおらかな気持ちで貸してあげられたらいいのですが、そうできない嫌な自分に落ちこんでしまったことがあります。そんなとき、こんなメッセージがやってきました。

光　貸してあげられる日とあげられない日で
なにが違っていたのかを、分析してごらん。

みちこ　分析ですか?!

光

そうだよ。
例えば、睡眠時間の違いとか
その日、嫌なことがあったかなかったか？
肩こりなど体の調子はどうか？といった具合にね。

みちこ

なるほど！ そういえば、貸してあげられなかった日は体の調子があまりよくなかったですね。

光

「嫌な自分」という言葉は
人が落ち込みやすいキーワードだね。
そこにフォーカスしてしまうと
人はそれ以上、分析しなくなるんだよ。

みちこ　確かに……。落ちこんで終わっていましたね。

光　いいかね。
人はそれぞれに『自分の宇宙』を創っているんだよ。
『自分の宇宙』を創るには、自分を知るための分析は必須！
貸してあげられる日と、あげられない日は、なにが違っていたのか？
例えば、お義母さんには貸せなくても
夫や子どもになら貸せるのかどうか？
これは、自分と相手の境界線を知る目安なんだ。

みちこ　境界線かあ……。

光　そう。
ここからは踏み込んでほしくない、という境界線。
お義母さんはその境界線を越えて
踏み込んでくるからイラッとくるんだよ。

みちこ　確かに！

光　境界線はその人その人によって違う。
でも、それは人としての器の大小とは関係ないよ。
それぞれの宇宙なんだから、人と比べなくてＯＫ！

自分の心に正直にな。

みちこ　そう言ってもらえると、ほっとします。

光　みんなそうやって、『自分の宇宙』を知る旅をしているんだよ。
みんな自分のことをよく分かっていない。
創造主である自分のことを、もっともっと探究してほしいねえ。
探究しているとき、人は『いい・悪い』を超える。

みちこ　……深いですねえ。

光 他の人を知ろうとするときは、別の宇宙を探究しに行く感覚。
自分の宇宙だってまだまだ知らないことだらけなんだから
簡単に探究できると思うなんて、甘いよ。

みちこ 甘いですか？

光 甘い甘い（笑）。
宇宙船に乗って、旅するくらいの覚悟で探究しないと。
『普通はこうでしょ』なんていうのは、別の宇宙では通用しないよ。
そう思っていれば、より相手を客観的に観察できるし自分と相手を分けて考えられるだろう?

みちこ　本当ですねー。

光　お義母さんとは、同じ空間にいるように見えて実は宇宙船で移動するくらいの距離があるんだよ

そのくらいの距離があると思っていると、楽だよー（笑）。

「【義母の宇宙】と【わたしの宇宙】は、違う宇宙なんだ」と思ったら、探究する覚悟が全然違ってきます。腹が据わる感覚です。そして、腹が据わると、自分にパワーが戻ってくるのです。

このことは義母に対してだけではなくて、どんな人を探求、観察するときにも、心がけたいと思っています。

自分と相手の上手な境界線の引き方

カウンセリングで子育ての悩みをお聞きしていると、子どもが自分で考えればいいようなことを、心配するあまり、干渉しすぎてしまうケースがよくあります。実はわたしにも、そういう体験がありました。

大学生の息子は、いま一人暮らしをしているのですが、整理整頓が苦手で、しかも掃除をあまりしないので、部屋がかなり散らかっています。

息子に会いに行った時に、息子の部屋を掃除するのですが、一日がかりの大仕事になってしまってとても疲れるのです。できれば本人に掃除をしてもらいたいのですが、なかなか思うようには動いてはくれません。

離れて暮らしていても、息子の部屋を思い浮かべると、「掃除したい欲」がムクムクとわいてきます。

「子どもに清潔な部屋で暮らしてほしい」という親心からなのですが、そもそも息子が気にしていないことなのに、親が気にするというのは干渉しすぎだなと気づきました。そこで、わたしはこんなふうに思ってみました。

【息子の宇宙】と【わたしの宇宙】は、違う宇宙。

不思議なことに、こうして違う宇宙なんだと思うだけで、あんなに気になっていたことを置いておくことができたのです。

同じ宇宙にいると思うと、息子に干渉したくなります。でも、違う宇宙だと思えば、干渉しようとする気が起こらなくなるのです。

こうして、気になることを置いておくことができるだけで、実は悩みは悩みではなくなっていくのです。

うらやましいときこそ、【自分の宇宙】を意識しよう

人をうらやましく思った経験は、誰でもあると思います。

もちろん、わたしもあります。

でも、そんなときに、「【その人の宇宙】と、【自分の宇宙】は違う宇宙」、そう思ってみると、うらやましいと感じていた気持ちから、わたしは少しだけ離れることができました。すると、「その人は【その人の宇宙】で輝けばいいよね。わたしは【わたしの宇宙】で輝こう！」と、その人の世界と、わたしの世界を、分けて考えることができたのです。

【それぞれの宇宙がある】

という考え方は、とてもパワフルです。【自分の宇宙】を意識しはじめると、比較や、うらやましさを感じる時間よりも、「今日、わたしはどんな体験をしようか？」と、自分のことに意識が向く時間が増えていきます。

わたしたちの本体である【光】は、体験がしたくて、それぞれに分かれて肉体に入りました。「体験すること」こそが、この世にやってきた目的なのです。

もし自分を苦しめるルールによって、今、動けなくなっているのだとしたら、自分にとって「勇気や希望がわいてくるルール」「一歩前に踏み出せるルール」に変えてしまったらいいのです。

ルールを変えることが行動につながるのなら、それは自分も喜び、まわりも喜び、宇宙も喜ぶ結果へとつながっていきます。

さあ、皆さんは、【自分の宇宙】の創造主です！

【自分の宇宙】をどんな宇宙にしましょうか？

【自分の宇宙】で、どんな勇気が湧いてくるルールを創りますか？

第6章

「悩みで遊ぶ」時代がやってきた

気になることが、気にならなくなる方法

生きていると大小さまざまな問題や悩みが起こってくるものです。

「今の時代は悩みの解決方法が画期的に変わる時代だよ」と、わたしは光から教わっています。

わたしはどちらかというとキレイ好きで、洗面所はいつも清潔にして、観葉植物を飾っています。とてもお気に入りの空間です。

義母との同居がはじまったとき、その洗面所に義母が入れ歯を洗浄するプラスチックケースを置くようになりました。フタ付きのプラスチックケースです。

ある時、そのフタが開いていたことがあって、中を見てしまいました。洗浄液の中は食べかすだらけで、とても汚い状態でした。
そのときわたしは、「ああ、このプラスチックケースを洗面所に置いてほしくないなあ……」と思いました。嫌だなあと感じたのです。

その後、義母が放った一言で、わたしはさらにこのプラスチックケースが気になるようになります。義母は、「プラスチックケースの中の洗浄液は、勝手に捨てないでね。何回か使うから」と言ったのです。
わたしはびっくりしました。「今でさえ汚いのに、この洗浄液を何回か使用するって、どういうことだろう?」「え? 入れ歯洗浄液って、使い捨てじゃないの?!」。

わたしの中で「嫌だ」という感情がマックスになりました。プラスチックケースが洗面所に置いてあるだけで、ストレスを感じました。気にしないようにしようとしても、どうしても目に入ってしまいます。そんなとき、光が教えてくれたのは驚くべき解決方法でした。

光　**プラスチックケースに、名前をつけてみよう！**

【伏魔殿】っていうのはどう？

決して開けてはいけない扉（笑）。

みちこ　えっ！【伏魔殿】？（辞書で調べる）

なんとっ！「悪魔がひそむ殿堂」ですか！（爆笑）。

光　さらに、【伏魔殿】の中は異次元になっていて
物を入れると消えるっていう設定はどうかな？

みちこ　すごい発想ですね！

光　なんでもいいんだよ。勝手な想像で遊んでごらん。
本当かどうかなんて、どうでもいいんだよ。
気になるものに、思わずプッと笑える名前をつける。
それだけでも心の軽さが全然違うよ。
笑える設定を考えて、イメージの中で遊んでいるとき

人は時空を超えているんだよ。

第４章で「人は瞬間、瞬間に、周波数帯を移動している」ということをお伝えしましたが、思わずプッと笑うと、つながる周波数帯が画期的に上がるのです。

わたしの場合は、この対話だけで、さっきまで気になってしかたなかったプラスチックケースが気にならなくなりました。これには本当に驚きました。

わたしには「異次元」という設定がなんだか腑に落ちて、しかもとっても笑えました。異次元というのは、同じ空間にいないということ。つまり、自分には影響がないということです。

想像の中でのただの遊びなのですが、こんな笑える方法で、気になってしかたなかった洗面所のプラスチックケースが、自分には害のない、ただの景色に変わったのです。

こうして読んでくださっているだけでは「まさか、そんな」と思われるかもしれませんね。でも、こんなふうに遊ぶことで悩みが解決できるほうが、楽しいと思いませんか？

もし、いままでのわたしたちがつい想像してしまうような、辛くて苦しい解決方法を画期的に変えたいと感じてくださるようなら、「まさか、そんな」と思ったままでいいので、ぜひこの先もお付き合いくださいね。

「悩みで遊ぶ」という視点

「悩みで遊ぶ」ことで、悩みが悩みではなくなってしまうというのが、宇宙の視点です。

例えば、以前こんなお悩み相談がありました。

「たいしたことじゃないのに、つい自分を責めて、落ちこんでしまいます。自分を責めないようにするために、いろんな本を読んだのですが、どうやったら責めなくなるのか、結局よく分からなくて……」。

よーくわかります！　わたしもそうでしたから。

でも、「自分を変えたい」と思えば思うほど、実は、変えることが難しくなるのです。

「自分を変えたい」という思いには、「今の自分はダメなんだ」という思いが隠れています。これだと苦しいし、深刻に考えてしまうのです。

深刻に考えがちなわたしに、光はこんなふうに教えてくれました。

悩みを解決したかったら、「変えようとしないこと」。

いいかね

「変える」のではなく、「遊ぶ」んだよ!

高次元は「楽しい」「遊びの感覚」です。「遊び」をとり入れると、一気に高い周波数帯へ移動し、悩みは悩みではなくなってしまうのです。

この方のケースなら、こんな遊びはいかがでしょうか？よかったら、想像しながら読んでみてくださいね。

●ネットで「白雪姫」「継母」と検索すると、毒リンゴをつくった継母のイラスト画像がいっぱい出てきます。

●そのキャラクターをプリントアウトして、顔の部分に、自分の顔写真を貼り付けます。これで、「ドSキャラ」の出来がりですね（笑）。

●責める自分が出てきた！　と思ったら、すかさずその写真を見ます。

なんかちょっと笑えると思いませんか？

思わず「プッ」と吹き出す笑いには、周波数帯を一気に上げる効果があります。

さらに、その「ドSキャラ」の自分に、おもしろい名前をつけるのもおすすめです。例えば、「マゾンナ」なんて、いかがでしょうか（笑）。

こんな方法で「プッ」と笑ってしまうだけで、気になっていることが、「まあ、いっか」と置いておけるようになるのです。

「自分を変えないとしあわせになれない」と思い込んでいる方、今はいい時代になりましたよー。くだらない遊びで、プッと笑って、楽しく突き抜けちゃいましょう！

あっ、そうそう！

毎回、同じ写真を見ていると、すぐに飽きて笑えなくなります。だから、いろんなバージョンの「マゾンナ」を作られることをおすすめします

（笑）。

「マゾンナ」記念館ができるくらい、いろんなバージョンを創れた頃には、きっと人生が劇的に変わっていることでしょう。噂を聞きつけたマドンナが「マゾンナ記念館にやってきた」という妄想で遊んでみるのもありかもしれませんね。

あれ？ 何を悩んでいたんだっけ？と分からなくなるくらい、遊んでしまうのがコツですよ。

「自分を変える」といえば、「自分のやりたいことってなんなんだろう？」と、「自分を探す旅」をしている方もたくさんいらっしゃるようです。

自分を探すためにいろいろ学んでいるうちに、迷宮に入ってしまって、グルグルしてしまう方もおられます。

そんなときは、ぜひ「自分を探す旅」ではなく、「笑いを探す旅」をしませんか？

思わず「ぷっ」と笑ってしまった瞬間、「笑い」「豊かさ」「ユーモア」「喜び」「楽しい」という周波数帯へ一気に移動します。

そうなれば、「自分のやりたいことってなんなんだろう？」という悩みは、もう問題ではなくなってしまいます。

まずは心を軽くして、さあ、今日はなにをしましょうか。

爆笑「前立腺炎　報告レポート」

わたしは現在、光と対話する個人セッションを予約制でさせていただいています。たくさんのおもしろいエピソードがあるのですが、今回はAさんのセッションの様子をシェアさせていただきますね。Aさんは、こんなことで悩んでいらっしゃいました。

「実は、わたしの夫が前立腺炎なんです。排尿時に痛みを感じたり、いつも残尿感があるようで、日中も夜も何度もトイレに行きます。

いま悩んでいるのは、夫が前立腺炎の不快感について、一日に何度もわたしに報告をしてくることです。もちろん、本人が一番辛いと思いますし、本人にしか分からない苦痛もあると思うので、その都度話を聞くようにしているのですが、何度も報告されると正直しんどいんです。

50代になり子育てもひと段落して、やっと夫婦で旅行に行けると楽しみにしていたのに、夫はトイレが近いからと言って、旅行の話にまったく乗り気ではありません。どんどん後ろ向きになって、ついに最近うつ病になってしまいました。

家の中がどんよりとして、一緒にいると本当にしんどいです。夫のどんよりとしたエネルギーに巻き込まれて、わたしまでどんよりしてしまいます。どうしたらいいでしょうか？　なにかよい解決策はありますか？」

お話を丁寧に伺ったあとで、まずご一緒に対話のレッスンをしました。そして、対話ができるようになったところで、わたしはAさんにこんな提案をしました。

「前立腺炎に、なにかおもしろいネーミングをしてみましょうか?思わずプッと笑ってしまうネーミングがいいのですが、対話して、聞いてもらえますか?」

すると、Aさんから出てきたのはナント……、

「前立1000円《ぜんりつせんえん》」

もう、サイコーにナイスなネーミングに二人で大爆笑! Aさん、天才かと思いました。

「前立1000円」のインパクトが大きすぎて、その時点でもう悩みがなんだったんだかよく分からなくなっていました。

さらに、深刻になっていた言葉に対しては、第4章でお伝えした「ゼロポイント・アプローチ」の「ピンク色のタオル」を使って、周波数帯を上げていきました。

それから、「夫のどんよりとしたエネルギーに巻き込まれる」というお悩みについては、こんな遊びを提案しました。

皆さんは時代劇の中で、町娘が腰ひもを引っ張られて、「アーレー」とクルクル回るシーンを、見たことがありませんか？　あんな感じで、まずはさらしのような長ーい布を一枚用意します。

布の中に、あらかじめ夫の名前を紙で貼りつけておいて、その布を自分の腰に巻き付けたら、それを友達に引っ張ってもらうのです。

「アーレー」とクルクルと回っていくと、夫の名前がどんどん出てくる……。

どうですか？　くだらないですよねぇ（笑）。

その様子をスマホで録画しておいて、夫のどんよりとしたエネルギーに巻き込まれそうになったら、すかさず「アーレー」を見る。すると、かなりの確率でプッと笑えます。

この動画を見れば、「あっ！　今わたし、夫のエネルギーに巻き込まれてる」と気づくことができます。気づくだけでOKです。笑っちゃったら、もうこっちのものです。

この提案にAさんはさらに爆笑してくれました。

そうそう、真面目な方の中には、「早速長い布を買ってきて、作らなくちゃ！」と焦る人がいらっしゃいます。

焦らなくても大丈夫ですよ。ポイントはあくまでも「思わず吹き出すくらいの笑い」です。だから、実は想像するだけでも全然ＯＫなんです（笑）。

こうして一緒に大笑いしたセッションの後、Aさんはどうなったのでしょうか？ ご本人の了承をいただいて、その後の爆笑と心ふるえる報告の一部をご紹介させていただきますね。

⊙ご報告第1弾　当日の夜

「よーし、全力でネタにするぞ！」「帰ったら主人とどうやって遊んでやろうか（笑）」と思って自宅に帰ったら、なぜか夫からおしっこの報告がない。

⊙ご報告第2弾　当日の朝

今朝、起きたら、またまた変化が！

夫が「夜中にトイレに一回も起きなかった」とニコニコしている。昨日の朝までは、一日中トイレの話題ばかりだったのに、信じられない。

⊙ご報告第3弾　二日後の夜

「今日の前立1000円は、前立10000円?前立1000円? それとも前立100円?」と尋ねると、「前立850円くらいだった」と夫。

その後、夫からオシッコの話題がほぼない。

⊙ご報告第4弾　二週間後

半月たって、ハタと気づく。

「今まで夫のことを心配していたのは、夫には自分で治す力がない！と、夫を信頼していなかったのではないか?」「わたしの庇護のもとに夫を置こうとしていたのではないか?」「夫に対してなんと失礼なことを！」

それからは、気持ちの上で夫からなるべく離れる（世話や心配をしないように、と言うより、出来るようになった。

⊙ご報告第5弾　三週間後

半年ぶりに夫が「晩酌しようかなあ」と言い出す。
トイレが気になりずっとお酒を飲めなかったのが、その晩は、すごく美味しそうに飲んでいた。

夜寝る前に、ぼそっと「何とかなるもんだなあ」と夫が言った。
わたしにとっては奇跡の言葉！

夫は今も時々ネガティブなことは言いますが、以前に比べてトーンが全然明るいです。

治ったかどうかは知りません。あえて「知りません」という言葉が出て来ました。たぶん私自身が、治る治らないということにあまりフォーカスしなくなったんだと思います。

いかがでしたか？

悩みの解決方法が画期的に変わる時代がやってきました。

思わず「ぷっ」と笑ってしまった瞬間、「笑い」「豊かさ」「ユーモア」「喜び」「楽しい」という周波数帯へ一気に移動します。そこでは、どんな問題も問題ではなくなってしまうのです。

ダメなところを変えなくて本当にいいのか？

「変える」のではなく「遊ぶ」という視点について、セッションやセミナーなどでお伝えしていると、こんな質問をいただくことがあります。

「仕事では足りないところは直さないと注意されます。遊んでいるだけで本当にいいのでしょうか？」

ごもっともな意見です。

「変える」のではなく「遊ぶ」という視点は、実は「心を軽くしてから考えましょう」ということでもあります。

心が重いまま考えても、自信をなくすばかりで、良い選択肢は浮かばないし、行動するパワーもわいてきません。思わず「ぷっ」と笑ってから、「さあ、どうしようか」と考えるほうが、次の行動につながりやすいのです。

以前、光からこんなメッセージが届いたことがあります。

苦手なことや、足りないところを直す、変えるというのは言葉で言うのは簡単だが、なかなか難しいんだよ。

そんな急には変われない。

時間がかかるんだよ。

そこばかり見ていると
どうしても気持ちが沈んでいってしまう……。

すると、それは「足りない」という
周波数帯の「今」を選択していることになる。

その周波数帯の『今』では
「人から責められる」という悪循環が続いてしまうんだよ。

いいかね?
苦手なことや、足りないところは
一生かかって少しずつ変えていけばいい。

最初から、そう思っておくといいよ。

「直そう」から入ると
どうしても苦しいサイクルにはまる。

そうじゃなくて
今のままの自分でも

★できているところ
★役立っているところ
★喜ばれているところを

探してあげるんだよ。

大丈夫、必ずあるから。

すると、苦手なことや足りないところは
気づいたら、ほんのわずかだが回数が減っていく。

例えば、今までは10回中、10回だったのが
10回中、9回に減ったりする。

もちろん、これだとまわりの人たちは
変化したとは言ってくれないだろう。

でも
人が気づかないくらいのほんのわずかな変化が

宇宙から見れば、大・大・大変化なんだよ！

光の仲間は拍手喝采のお祭り騒ぎ！

「すごいぞーっ！」

「よくやった！」ってエールを送っているよ。

だから、誰も気づいてくれなくても

自分だけは、ほんのわずかな変化を見逃さず

喜んであげておくれ。

そして、今の自分のままで

できているところを見てあげてほしい。

そうすれば
自分の中から勇気がどんどんわいてくる。

「もっと頑張ろう！」

「もっとなにかやってみたい！」

そんなエネルギーがね。


これが本当の意味の「向上」「成長」なんだよ。


勇気がわくと、心が喜ぶ。

すると「喜び」の周波数帯の「今」とつながる。

足りないところがあるままでも

お互いに認め合い、しあわせに生きることはできるんだよ。

みんな、自分を変えなければ
人から認められない
しあわせになれないと信じこんでいる。

だが、そうじゃない。

苦手なことや、足りないところがあっても
人はみんな
しあわせに生きることができるんだよ。

いかがでしょうか？
わたしたちは、いつも、どんなときも、信頼され、無条件に愛されていま
す。

あなたのまんまで、さあ、行こう！

実はつい最近、仕事のことで、自分のできていない部分に気づいて、とて
も落ちこんだことがありました。そのとき、わたしはこんな言葉をかけても
らいました。

「ダメな自分」
「見たくない自分」
「認めたくない自分」をこわがらなくていい。

人に「わたしこういうダメなところがあるんです」なんて
言う必要もないよ。

もし自分の直したい部分と向き合うなら
できているところもちゃんとセットで見ないと
フェアじゃないね。

そのうえで
気をつけよう、次につなげようとするなら
パワーがわいてくる方向性でね。

具体的に、自分でもこれならできる
と思える小さな一歩を踏むんだよ。

急には変われないから
ほんの小さな一歩を踏み、それをおおいに喜ぼう。

そうすれば、毎日がお祝いになるよ。

こうして、悩んだり、落ちこんだりする度にかけてもらう言葉に、どれほど勇気づけられてきたことか……。

あふれるような愛に、わたしは少しずつ、前を向いて楽しく毎日を生きられるようになりました。しあわせだなあと感じる瞬間が増えました。

繰り返しになりますが、これらのメッセージは、わたしだけに向けられたものではなく、すべての方に向かって届け続けていると光は言っています。

ペンを置こうとしているいま、この瞬間にも、光からシャワーのようにあなたに向けたメッセージが届いています。

あなたのことを信頼しているよ。

あなたのことが大好きだよ。

あなたとしてここにいてくれてありがとう。

あなたのまんまで、さあ、行こう！

自分をどうやって認めてあげていいのか分からないと辛い思いをされているすべての方に、この信頼と祝福のメッセージが届きますようにと、心から祈っています。

あとがき

あなたの前にはいつだって無限の可能性の扉がある！

数ある本の中から、この本を手に取っていただき、貴重な時間を使って読んでいただきましたことに、心から感謝いたします。

本当にありがとうございます。

わたしはどんなに不完全な自分も、光からありのままを認め続け、愛し続け、許し続けてもらってきました。

それによって、わたしの心はゆるみ、行動する勇気をもらい、自分を責めることが減っていきました。今の自分にＯＫを出してあげられるようになり、自分を信頼して、人生を豊かに生きられるように少しずつ変化していったのです。

今、もし、自分に×をつけて、苦しいサイクルにはまっている方がおられたら、わたしはその方にお伝えしたいです。

あなたがどんなに自分に×をつけていたとしても、圧倒的な愛で、あなたはあなたのまま、宇宙から愛されているよ。

何度でも、何度でも言いたいです。

つながる現実は、ちょっとしたことで簡単に変えられます。あなたの目の前には、いつだって無限の可能性の扉があるのです。

ペンを執るにあたり、わたしを信頼し、「みちこさんが今、一番書きたいことを書いてください」と背中を押してくださった、きれい・ねっとの山内尚子さんに、感謝の気持ちでいっぱいです。

この本が必要な方の手元に届き、幸せに生きるきっかけになりましたら、とてもしあわせです。

令和元年9月9日

みやがわみちこ

みやがわみちこ

長年、幼稚園や保育園、小学校、子育て支援センターなどで、カウンセラーとして子育て相談活動を行う。

体調不良で一日6時間しか起きていられなかった専業主婦の時代から、様々な出会いや経験を通して、人生が劇的に変わっていく体験をする。

2007年に宇宙からのメッセージを受け取るようになり、体外離脱を二度体験。人はなんのために生まれてきたのか？悩みのおもしろい解決方法や、自分もまわりもラクになり幸せに生きる知恵、自分と仲良くなる方法、時代のメッセージなどを教わるようになる。

2011年に『なんでも仙人の人生がどんどん良くなるシンプルな教え』(バンクシアブックス)を出版。それをきっかけに全国で講演やセミナーを行う。個人セッションでは、相談内容を伺いながら、自分で楽しく運を開いていく方法や、光と対話するレッスンを行っている。

●著書

「なんでも仙人の人生がどんどん良くなるシンプルな教え」(バンクシアブックス)「なんでも仙人の人生がどんどん良くなるシンプルな教え2」(バンクシアブックス)「人生万歳!見え方が変わるなんでも仙人マジック」(バンクシアブックス)「なんでも仙人の魂レベルでスッキリ解決!」(ヒカルランド)「なんでも仙人流　悩みゼロの教え」(ヒカルランド)「なんでも仙人の夢を叶えるとっておき方法」(サンマーク出版)

なんでも仙人サイト　http://www.th-d.co.jp/nandemosennin/
なんでも仙人ブログ　アメブロ　https://ameblo.jp/nandemosennin
Gooブログ　https://blog.goo.ne.jp/nandemosennin
「みやがわみちこの個人セッション」
https://ameblo.jp/nandemosennin/entry-12524914581.html

きれい・ねっと

あなたと
私と
この星と
きれいでつながる
よろこびの輪

遊んで笑って運は自分で開くもの
自分の宇宙で豊かに生きる

2019年10月22日　初版発行

著　者　みやがわみちこ
発行人　山内　尚子
発　行　株式会社　きれい・ねっと
〒670-0904　兵庫県姫路市塩町91
TEL 079-285-2215　FAX 079-222-3866
http://kilei.net
発売元　株式会社　星雲社
〒112-0005　東京都文京区水道1-3-30
TEL 03-3868-3275　FAX 03-3868-6588

ISBN978-4-434-26689-8